Iniciação à Vida Cristã

Perseverança

COLEÇÃO ÁGUA E ESPÍRITO

- *Catequese com estilo catecumenal*
Antonio Francisco Lelo

- *A iniciação cristã: catecumenato, dinâmica sacramental e testemunho*
Antonio Francisco Lelo

- *Iniciação à vida cristã: Batismo, Confirmação e Eucaristia de adultos*
(Livro do Catequista e Livro do Catequizando)
Leomar A. Brustolin e Antonio Francisco Lelo

- *Iniciação à vida cristã: Batismo de crianças*
(Livro do Catequista e Livro dos Pais e Padrinhos)
Nucap

- *Iniciação à vida cristã dos pequeninos*
(Livro do Catequista e Portfólio do Catequizando e da Família)
Erenice Jesus de Souza

- *Iniciação à vida cristã: 7-8 anos*
(Livro do Catequista e Livro da Família e do Catequizando)
Nucap

- *Iniciação à vida cristã: Eucaristia*
(Livro do Catequista, Livro do Catequizando e Livro da Família)
Nucap

- *Iniciação à vida cristã: Catecumenato Crismal*
(Livro do Catequista, Livro do Catequizando e Livro da Família)
Nucap

- *Iniciação á vida cristã: Perseverança*
(Livro do Catequista, Livro do Catequizando e Livro da Família)
Nucap

- *Iniciação à vida cristã: Catequese familiar do Batismo*
Nucap

- *Projeto jovem: para grupos de Perseverança – Família*
Antonio Francisco Lelo

- *Seguir o Mestre: Batismo e/ou Confirmação e Eucaristia de adultos – 2 vols.*
Frei Antônio Francisco Blankendaal

Núcleo de Catequese Paulinas – Nucap

Iniciação à Vida Cristã

Perseverança

Livro do Catequista

Dados Internacionais de Catalogação na Publicação (CIP)
(Câmara Brasileira do Livro, SP, Brasil)

> Iniciação à vida cristã : perseverança : livro do catequista / Núcleo de Catequese Paulinas - NUCAP. – 4. ed. – São Paulo : Paulinas, 2015. -- (Coleção água e espírito)
>
> Título anterior: Projeto jovem : para grupos de perseverança : livro do catequista.
> ISBN 978-85-356-3862-2
>
> 1. Catequese - Igreja Católica - Ensino bíblico 2. Catequistas - Educação 3. Fé 4. Projeto Jovem 5. Vida cristã I. Núcleo de Catequese Paulinas - NUCAP. II. Série.
>
> 14-12736 CDD-268.3

Índice para catálogo sistemático:
1. Catequistas : Formação bíblica : Educação religiosa : Cristianismo 268.3

Direção-geral: *Flávia Reginatto*
Editores responsáveis: *Vera Ivanise Bombonatto e Antonio Francisco Lelo*
Copidesque: *Anoar Jarbas Provenzi*
Coordenação de revisão: *Marina Mendonça*
Revisão: *Ruth Mitzuie Kluska*
Direção de arte: *Irma Cipriani*
Assistente de arte: *Sandra Braga*
Gerente de produção: *Felício Calegaro Neto*
Capa e editoração eletrônica: *Manuel Rebelato Miramontes*
Ilustração de capa: *Gustavo Montebello*

Nenhuma parte desta obra poderá ser reproduzida ou transmitida por qualquer forma e/ou quaisquer meios (eletrônico ou mecânico, incluindo fotocópia e gravação) ou arquivada em qualquer sistema ou banco de dados sem permissão escrita da Editora. Direitos reservados.

4ª edição – 2015
9ª reimpressão – 2025

Cadastre-se e receba nossas informações
paulinas.com.br
Telemarketing e SAC: 0800-7010081

Paulinas
Rua Dona Inácia Uchoa, 62
04110-020 – São Paulo – SP (Brasil)
📞 (11) 2125-3500
✉ editora@paulinas.com.br
© Pia Sociedade Filhas de São Paulo – São Paulo, 2010

Agradecimentos a:
Erenice Jesus de Souza
Maria Rejane Mendonça
Peterson Mendonça Rodrigues
Pe. Wladimir Porreca

Iniciação à vida cristã
Perseverança

Este projeto tem o objetivo de propor o encontro com Jesus Cristo vivo e seu seguimento na Igreja, para que o jovem se sinta estimulado a analisar sua vida, a avaliar seus limites e a interiorizar as várias dimensões da personalidade cristã. Compõe-se dos seguintes subsídios:

Livro do Catequista: traz a reflexão dos vinte e seis encontros com indicações pedagógicas para seu desenvolvimento, além de uma introdução que apresenta a proposta geral desta etapa de fé, o roteiro das duas celebrações (Penitência e da renovação das promessas batismais) e o apêndice com o oracional.

Livro do Catequizando: traz a reflexão dos vinte e seis encontros, o roteiro das duas celebrações (Penitência e da renovação das promessas batismais) e o apêndice com o oracional.

Livro da Família: apresenta os cinco encontros dos responsáveis com os catequistas, como também as celebrações da Penitência e da renovação das promessas batismais que deverão ser celebradas com os adolescentes e os catequistas. Os temas desses encontros correspondem àqueles refletidos no grupo de perseverança.

Apresentação

A catequese é importante em todas as etapas do crescimento humano, principalmente dos 11 aos 13 anos. Sem a preocupação de finalizar o processo desta etapa com a celebração de algum sacramento, o catequista poderá dedicar-se a viver uma experiência de vida, de amizade, de partilha e de sonhos com seus perseverantes. A formação de um grupo de vivência cristã injeta o ânimo do Espírito em todos que aceitam trilhar o Caminho do Ressuscitado. Podemos avaliar o que a fé produzirá ao alimentar corações que acolhem com simplicidade a graça e se colocam na direção do Reino.

Este livro quer provocar — tal como as enzimas com seu efeito catalisador — o desenvolvimento harmonioso da personalidade cristã em suas várias dimensões; quer ajudar o jovem a analisar sua vida, descobrir seus pontos fortes, avaliar seus limites buscando a unidade do ser cristão. Como aquele que construiu sobre a rocha e não confiou no solo movediço e fácil de cavar (cf. Mt 7,24-27). Os pilares colocados nesta etapa significarão o adulto bom cristão e cidadão honesto defensor da ética e da justiça.

A maneira de animar o grupo é experiencial e interativa. Confia no protagonismo dos adolescentes, na descoberta comum das bem-aventuranças evangélicas encarnadas no dia a dia da escola, da família, dos amigos. Apostamos nas relações de confiança que nascem da amizade e do respeito entre todos do grupo. Os temas querem ajudar os adolescentes a compreenderem as situações da vida à luz da Palavra e da amizade com o Senhor. Isso implicará a construção do seu próprio projeto de vida.

No fundo, buscamos *viver mais conforme Jesus Cristo*. Aquele que se definiu como Caminho e nos quis seus seguidores.

Introdução

A dinâmica do mundo contemporâneo exige, cada vez mais, que pensamentos e ações sejam previamente bem planejados e determinados nas mais diversas dimensões. Tanto no coletivo como no pessoal, é preciso investir tempo e dinheiro, dedicação e perseverança, para a manutenção e qualidade da vida no planeta. Contrariando a mentalidade de planejar a vida a longo prazo, atualmente vivemos o imediatismo e a valorização dos projetos a curto prazo. Tudo pode acontecer a qualquer instante. Há uma enorme dificuldade de lidar com o futuro. Por isso, neste livro, tratamos de pensar o presente, refletir as atitudes do dia a dia do adolescente justamente para que ele construa opções evangélicas duradouras.

O Documento de Aparecida (*DAp*) nos alerta que atravessamos uma *mudança de época* (n. 44, cf. nn. 45-57) com transformações tão globalizadas e estruturais que afetam nossos critérios de compreender e julgar a realidade. O pluralismo de hoje marca nosso tempo com muitas crenças e pouca fé no Deus libertador de Jesus Cristo. Não têm mais valor as referências tradicionais da fé. As tradições culturais e religiosas vão se diluindo e já não são transmitidas de uma geração à outra. Busca-se praticar a religião para conseguir bem-estar, curas e milagres já neste mundo. Exaltam-se, ao máximo, o sentimentalismo e a dimensão terapêutica da fé.

O *DAp* também alerta para a fragmentação do sentido da vida que o jovem enfrenta. Há uma avalanche de informações, mas os dados não tecem o sentido da existência, explicam partes da realidade, fazendo com que a pessoa não tenha o sentido completo de vida oferecido pela fé em Deus. Por isso, constatamos o vazio do consumismo e o exibicionismo de astros e estrelas.

ESTRUTURA DO PROJETO
INICIAÇÃO À VIDA CRISTÃ – PERSEVERANÇA

Este livro tem como objetivo: propor o encontro com Jesus Cristo vivo e seu seguimento na Igreja, para que o jovem se sinta estimulado a analisar sua vida, a avaliar seus limites e a interiorizar as várias dimensões da personalidade cristã.

Para alcançar esta finalidade, o livro foi concebido em quatro unidades:

Unidade I — Grupo de discípulos (4 encontros) — quer suscitar no grupo a confiança e a partilha de vida para que se forme o espírito de comunidade; por isso mostra as condições para desenvolver o discipulado.

Unidade II — Nova etapa de fé (7 encontros e 1 celebração) — retoma a trajetória de fé do adolescente para firmar sua vivência dominical ao redor da Palavra e da Eucaristia. Assim, aprofunda a espiritualidade do Domingo, a necessidade da participação da Missa dominical, e também começa a desenhar o caminho de seguimento de Cristo diferenciando-o das outras propostas.

Unidade III — Ser de relação (9 encontros) — aprofunda as relações sociais do jovem: primeiramente a partir do corpo e da sexualidade, depois com a família, com os amigos e com o mundo virtual. Essas relações, para serem integradas de forma cristã no seu desenvolvimento, deverão ser apreciadas evangelicamente.

Unidade IV — Discípulo e testemunha (6 encontros e 1 celebração) — reflete a missão do jovem que resulta desse projeto de vida assumido como opção vocacional de ser discípulo e testemunha da Palavra.

Ao menos cinco encontros deverão ser realizados com os pais e responsáveis à medida que o grupo começar a se reunir, pois os temas desses encontros correspondem àqueles refletidos no grupo de perseverança. Com os jovens, catequistas e pais também são previstas as celebrações da Penitência e da renovação das promessas batismais.

PROJETAR A VIDA NESTA IDADE

Neste tempo de tantas informações, os adolescentes[1] têm dificuldade de ver o sentido do todo, precisam de ajuda para distinguir o fundamental do que é passageiro. Nesta etapa de desenvolvimento vão construindo uma nova visão do mundo e amadurecendo. Os adolescentes têm diante de si a difícil tarefa de definir a própria personalidade e de colocar as bases da realização pessoal. Uma boa atitude educativa será orientá-los e apoiá-los em suas iniciativas, deixando-os assumir suas responsabilidades.

Gostam de ser desafiados pela participação. O orientador deve se preparar para despertar-lhes interesse e ao mesmo tempo atribuir-lhes responsabilidades. Nesta fase, já estão mais conscientes do mundo físico e social no qual vivem. Estão expostos ao estresse da sociedade, dos colegas, bem como das tentações e dos hábitos consumistas. Reconhecer, entender e comunicar a estes adolescentes suas responsabilidades é uma tarefa importante do catequista nesta fase. São muito bem-vindos momentos inovadores e práticos para manter a atenção destes catequizandos: leitura dirigida, conversas, ideias expressas por escrito, teatro e afirmações.

O desenvolvimento emocional está marcado pelas transformações físicas, coincidindo com o início da maturação sexual. Crescem a vaidade e a autoestima, como também a tendência a imitar os companheiros. O educador estimulará a autoconfiança e procurará trabalhar diferenças e preferências individuais. É preciso dispensar atenção especial aos seus sentimentos. Os problemas dos adolescentes parecem melhorar quando eles os compreendem e conseguem expô-los aos adultos.

Devemos aproveitar a habilidade que os adolescentes têm de raciocinar de forma abstrata. Poderão comparar, discordar, interiorizar e escolher o melhor para si mesmo. São João Bosco, pai e mestre da juventude, entendeu a *razão* como um dos pilares do processo educativo, ao lado da *religião* e da relação de *afeto e carinho*. A *razão* se traduz na prática, no diálogo e na força da

---

[1] CRIANÇA E ADOLESCENTE: A ECA–Estatuto da Criança e do Adolescente (Lei 8.069/1990) considera criança toda pessoa até 12 anos incompletos, e adolescente toda pessoa de 12 a 18 anos.

persuasão com argumentos adequados que colaboram para o adolescente optar pelo justo, honesto e bom para si e para os outros.

A atração intelectual para com os ensinamentos é muito vantajosa. Importa que os adolescentes possam avaliar suas atitudes e se conscientizar de que podem mudar o rumo de suas atitudes negativas, agindo em outra direção com paciência e perseverança.

O catequista precisará acreditar no adolescente, em sua capacidade de transformar, de abraçar um grande ideal. Sem perder o chão da realidade, é hora de propor os grandes ideais da vida cristã: a generosidade do seguimento de Cristo e o altruísmo da solidariedade e da entrega da própria vida.

A identidade do grupo dada pela experiência de aprofundamento da fé confirma as intuições dos bispos em Aparecida: "Os jovens são sensíveis a descobrir sua vocação a serem amigos e discípulos de Cristo [...]. Não temem o sacrifício nem a entrega da própria vida, mas sim uma vida sem sentido. Por sua generosidade, são chamados a servir a seus irmãos, especialmente aos mais necessitados, com todo o seu tempo e vida [...]. Em sua procura pelo sentido da vida, são capazes e sensíveis para descobrir o chamado particular que o Senhor Jesus lhes faz" (*DAp*, n. 443).

O ser humano ideal[2]

Partilhamos uma experiência ocorrida num dos encontros da catequese de Perseverança, quando apresentamos a reflexão sobre o projeto de Deus para nós: "O ser humano ideal". Após um breve debate, cada catequizando escreveu o que pensa de si, o que espera da vida e o que pensa sobre Deus. Encheram-nos de surpresa ao mostrarem, na variedade de suas respostas, um caráter único: são conscientes de suas próprias faltas e se reconhecem como filhos amados de Deus.

Como me vejo? *"Sou uma garota extrovertida, mas muito realista. Sou sincera e, quando preciso, desabafo. Apaixonada por um destino impossível, mas confiante em uma coisa: o amor de Deus me guiará!"*; *"Eu me vejo um menino muito atrapalhado"*; *"Eu sou um filho criado*

---

[2] Maria Rejane Mendonça e Peterson Mendonça Rodrigues, mãe e filho, catequistas de um grupo de Perseverança na Diocese de Guarulhos-SP.

por Deus, mas tenho muitos defeitos como todo mundo"; "Sou impaciente, às vezes [...], tenho vários defeitos. Mas sou legal, inteligente e tenho muitos amigos".

O que quero ser? O que tenho feito para realizar meus sonhos? *"Quero ser estilista e tenho estudado e desenhado muito. Mas quero ser mais estudiosa..."; "Quero ser uma pessoa educada e andar com pessoas boas"; "Eu quero ser padre e estou aprendendo cada vez mais as coisas de Deus"; "Tenho me esforçado para melhorar tudo que fiz de errado"; "Ser fisioterapeuta. Para isso, tenho prestado atenção nas aulas"; "Quero ser médica e rezo pelo meu sonho".*

Quem é Deus para mim? *"Um ser maravilhoso que me ajuda quando preciso, me dá forças e esperança [...], que se sacrificou para dar a vida a um povo que somos nós [...]; sempre estará em meu coração"; "Deus é mais que um pai, ele é meu pai"; "Deus é minha família"; "É uma pessoa com que posso contar a todo instante"; "É meu pai e amigo"; "É meu pai e o homem que me trouxe ao mundo para ajudar os outros seres humanos a seguir o caminho dele".*

Com esses jovens tivemos uma confirmação: olhar para o que somos é mais importante do que saber o que temos; significa ter a certeza de que o amanhã está cheio de possibilidades, mas hoje podemos ser melhores. É importante conhecer nossos defeitos, como também reconhecer nossas qualidades e o que fazemos de bom.

Faz parte do crescimento de cada pessoa "olhar-se com bons olhos", para assim descobrir o próprio valor, enxergando Deus em si, no próximo e na vida. Começamos então a vislumbrar o que é "ser ideal" para Deus e, nesse trilhar, está o caminho da santidade.

CATEQUISTA

Testemunha da fé, o catequista ensina basicamente pelo que ele *é.* Coerente em seus pensamentos e ações, transmite segurança aos catequizandos que lhes são confiados e, numa íntima relação, torna-se, para eles, uma grande referência no seio da comunidade.

Necessariamente evangeliza a partir de sua íntima experiência de fé, afirmando uma responsabilidade que exige constante maturidade e compromisso a todo tempo, momento e lugar. Nesse sentido, precisa identificar-se com os seus catequizandos, desejar estar com eles, saber ouvi-los, acolher as suas dúvidas e ajudá-los a encontrar respostas que os façam realmente crescer em *sabedoria, atitude* e *graça.*

Ao olhar para um adolescente, enxerga uma pessoa, um ser humano, com o qual terá sempre o que aprender. Supera, portanto, preconceitos e aproveita ao máximo todo o dinamismo e ardor participativo da adolescência, reconhecendo suas potencialidades e creditando às suas ideias o merecido valor.

Atualizados sobre o próprio dinamismo da vida na adolescência, os catequistas estarão atentos aos mais variados tipos de situações que ocorrem nesta etapa da vida, conversam sobre os catequizandos e discutem suas experiências num trabalho conjunto.

Isto, porém, somente será possível se o catequista for muito bem orientado em suas formações, contando com o apoio de um grupo de catequistas que possa dialogar e definir ações que elevem o grau de participação dos catequizandos na vida da comunidade. Quando bem organizado, o grupo ajuda o catequista a vencer o medo e as inseguranças. É no grupo que acontece a formação, por meio dos debates, da partilha dos problemas, da busca de solução, das alegrias e atividades da catequese. O grupo é a fonte de vida, de esperança, de animação, de diálogo, de fraternidade e de alegria. Nele o catequista se sente fortalecido em sua missão.

O grupo de catequista não é feito só para resolver problemas. Ele acontece para que o catequista viva uma forte experiência cristã na reflexão e na oração em comum, no estudo, na elaboração do planejamento e nas avaliações das atividades realizadas, para depois catequizar e liderar essa vivência comunitária, com mais segurança.

O catequista usará os temas com criatividade e adaptará o conteúdo à realidade do catequizando. Mas, para que isso aconteça, precisa estudá-los, procurando também ajuda da assessoria da paróquia, de setor ou forania ou na própria diocese. O grupo faz com que a catequese inicial desperte e se encaminhe para uma catequese mais consciente e transformadora. O catequista percebe que, enquanto evangeliza com o grupo, está crescendo em sua fé. A experiência de Jesus nos ajudará em nossa missão. Jesus forma seu grupo de seguidores (cf. Mc 3,13-19); eles partem para a missão (cf. Mt 10,1-8); reveem o trabalho (cf. Mc 6,30-31); e depois da ressurreição de Jesus difundem a mensagem (cf. At 2,37-41; 8,4-8; 11,19-21).

O catequista que vive a vida espiritual de fato irradia amor e boa vontade para com todos, o que se torna visível ao coração dos adolescentes. Toda vez que ele compartilhar algo, isto será assimilado, promovendo a construção de novo ser humano. Por isso o educador-catequista não desanima nunca, o que afirma o quanto a proposta deste livro somente terá significado a partir da sua própria empolgação e testemunho conquistados, encontro após encontro, junto aos catequizandos.

A PARTICIPAÇÃO DOS PAIS OU RESPONSÁVEIS

Contamos com a participação insubstituível dos pais ou responsáveis dos adolescentes, uma vez que dependemos uns dos outros e a educação da fé é uma conquista da comunidade. Nela cada um tem seu papel e interfere de acordo com sua função. Nada melhor do que criar oportunidades de diálogo entre pais e filhos em situações que possam aprofundar uma conversa sobre valores, sentido da vida, convicções de fé e atitudes de vida.

Envolver os pais ou responsáveis no processo catequético é uma ação missionária da paróquia e um elemento fundamental para atingir as metas do grupo. Imagine os prejuízos na educação do adolescente se o que for proposto no grupo for vivenciado diferentemente em casa! A reflexão de temas como sexualidade, diálogo familiar… por si mesma é aberta e se confronta com os vários posicionamentos dos adolescentes, que refletem, por sua vez, a multiplicidade de orientações recebidas em suas famílias. Por isso a importância ímpar de reunir os pais e responsáveis e conversar sobre estes mesmos temas.

"A reunião de pais precisa ser realmente um momento especial! Que ela possibilite a cada família sentir-se primeiramente aceita em todas as suas condições, sem reservas, rótulos ou preconceitos, assumindo a riqueza que a diversidade viabiliza. Que não tenha o objetivo inapropriado de querer modificar ninguém, mas que seja, sim, espaço real para a participação de todos."[3]

"Que exista uma organização tal que cada membro da reunião possa se sentir à vontade para falar sobre seus pensamentos e sentimentos. Reunião de pais, como o próprio nome diz, necessita de espaço para os pais se expressarem."[4] Que tais reuniões sejam breves; do contrário o projeto está fadado ao insucesso.

Este roteiro contempla reuniões para serem realizadas com os pais ou responsáveis. Sugere, para aquelas comunidades em que as relações têm condições de serem mais próximas, que algumas reuniões do grupo, em forma de rodízio, aconteçam nas casas dos catequizandos com a participação de toda a família.

Tão logo seja formado o grupo de perseverança, os catequistas promovam uma reunião com os pais ou responsáveis para que lhes sejam explicados os objetivos, priorizada a participação da família na assembleia dominical e esclarecido o papel deles no desenvolvimento do projeto. Os responsáveis, ao aceitarem a proposta, conhecerão mais de perto a pedagogia do grupo, confiarão mais nos catequistas e oferecerão a oportunidade para os catequistas estabelecerem um diagnóstico real do contexto familiar de seus catequizandos.

Hoje em dia, é bem possível encontrar pais que professam outra fé mas respeitam a decisão do adolescente de participar na comunidade católica. Mesmo nestes casos, é vivamente recomendada a participação deles neste projeto de perseverança.

Acreditar na colaboração dos pais e familiares, investir na evangelização dos adultos, solicitar a colaboração deles, tudo isso implica a opção por uma Igreja adulta que ajude os pais a cumprirem sua missão de ser os primeiros evangelizadores de seus

---

[3] CAETANO, Luciana Maria. *Dinâmicas para reunião de pais*; construindo a parceria na relação escola e família. São Paulo, Paulinas, 2009. p. 55.

[4] Ibid., p. 55.

filhos. Tudo isso traça o perfil de uma Igreja missionária que volta seus cuidados para aqueles pais e responsáveis afastados da vida comunitária. Por isso, são necessários catequistas que também saibam lidar com adultos.

Uma visita à família

Numa comunidade da periferia da grande São Paulo, o grupo de *Perseverança* encontrava-se bastante animado para mais um encontro. Este, porém, não seria realizado na paróquia, como de costume. Um dos catequizandos *havia ganhado um irmãozinho*; então, todo o grupo resolveu fazer-lhe uma visita e transformar aquele encontro num momento propício para acolher uma etapa tão importante da vida: o nascimento.

A família foi previamente consultada sobre a visita e informada sobre o objetivo do encontro. Com alegria, todos foram muito bem acolhidos pela mãe, que mesmo se recuperando do parto gostou muito da ideia. Cânticos, dinâmicas, proclamação da Palavra, troca de ideias, lanche e entrega de lembrancinhas, previamente preparadas. O grupo conheceu o bebê, e o seu irmão que participa do grupo ficou todo orgulhoso. Durante uma tarde esta bonita experiência foi construída, marcando a vida de todos.

METODOLOGIA[5]

O catequista é alguém que, lado a lado, constrói um *projeto de vida* com os catequizandos. Sua função é apresentar pistas para que eles possam se apropriar do caminho a seguir, utilizando variados recursos que dinamizem o processo.

Didaticamente, a atenção do catequista deve se voltar a todo tipo de atitude, gesto ou opinião do catequizando, valorizando, a cada encontro, as suas potencialidades. Isso significa ter uma postura acolhedora, apoiada no diálogo e não na imposição de valores e de comportamentos. O adolescente necessita compreender a manifestação da mensagem cristã a partir da própria dinâmica do

---

[5] Agradeço a colaboração e supervisão de Erenice Jesus de Souza.

seu cotidiano, de modo que tudo o que ele aprendeu no período em que foi iniciado à Eucaristia seja aprofundado.

Nesse sentido, podem ser realizadas oficinas, mesas redondas, palestras e debates, bem como teatros, dinâmicas, gincanas, passeios que aprofundem a compreensão das temáticas propostas. Para tanto, o catequista contará com a participação dos perseverantes, atribuindo-lhes responsabilidades e possibilitando que suas ideias recebam a merecida atenção e valorização do grupo. A proposta deste itinerário afirma a importância dos mais variados recursos, principalmente humanos, que favorecerão, e muito, a troca de experiências no testemunho da fé.

De acordo com o tema, cada encontro desenvolve uma reflexão bem estruturada e associada às propostas de vivência que possibilitarão uma maior interatividade do grupo. Pensar nestes elementos, consequentemente, nos leva a priorizar algumas observações no que se refere à própria formação do grupo de perseverantes, bem como no modo de organizar o local dos encontros, de preparar a acolhida, a oração, a reflexão e a vivência sobre o tema e a avaliação do trabalho desenvolvido.

Tais abordagens necessitam ser previamente estudadas pelo catequista, para que possa articular da melhor forma a sua metodologia de trabalho aos objetivos a serem atingidos em cada uma das unidades deste subsídio. O planejamento da concretização dos encontros necessariamente também levará em conta o calendário das atividades paroquiais.

Bem planejadas e desevolvidas, tais propostas conquistam a participação do grupo e auxiliam na construção da personalidade e da maturidade, proporcionando desafios e maravilhosas descobertas. Uma delas é a própria autonomia cedida a cada participante para que ele possa apresentar ideias, defender seu ponto de vista, avaliar possibilidades e limitações, de modo a se sentir potencialmente valorizado.

A metodologia se configura na própria fundamentação dos elementos que são essenciais na realização do encontro com os adolescentes. Trata-se da organização do grupo, do local do encontro, da acolhida, da oração, da reflexão sobre o tema e da vivência, indispensáveis a todo e qualquer trabalho que deseje alcançar a plenitude em suas ações.

Organização do grupo

Anotar os dados principais do catequizando: idade, endereço, escolaridade, frequência nos encontros etc. Fazer uma ficha de participação para que o catequista possa acompanhar o catequizando.

Local do encontro

Deverá estar em ordem, limpo e agradável. Convidar os catequizandos para ajudar na arrumação. Colocar cartazes ou figuras sobre o tema. Enfeitar o ambiente para despertar o interesse no assunto (por exemplo, se o tema for "Maria", colocar uma imagem, figuras, cartazes que falem de Nossa Senhora, fotos de mulheres). Dispor de símbolos em cada encontro. A Bíblia deve ocupar um lugar de destaque. Usar flores, toalha e vela, sempre que possível. Tudo isso ajuda a despertar o amor e o respeito pela Palavra de Deus. Procurar que os participantes sentem-se em círculo, para que cada um possa ver todos os outros. Trocar os cartazes a cada encontro, para que os catequizandos não percam o interesse por eles.

Acolhida

O catequista deverá estar sempre atento à acolhida dos catequizandos. A acolhida deverá estar presente em todo encontro para que os catequizandos se sintam sempre num ambiente bem fraterno. Toda pessoa necessita ser reconhecida individualmente, como gente. Ser conhecida pelo nome, com um "rosto" e uma história própria. Por isso, é importante que, reconhecida como pessoa, sinta-se aceita e amada pelo catequista.

Para acolher bem os catequizandos, o catequista chegará um tempo antes do horário do início do encontro para receber a todos com igual atenção, sem demonstrar preferências. Todo catequizando traz para a catequese experiências de vidas, e o catequista pode aproveitá-las perguntando o que fizeram durante a semana, como estão se sentindo, o que desejam receber na catequese.

Não deve ser um relatório, mas uma conversa espontânea, com muita simplicidade.

O ponto de vista do catequizando deverá ser respeitado, e a sua opinião ser ouvida com muita atenção. O catequista deverá procurar ser objetivo ao fazer perguntas e não esperar respostas automáticas, dando tempo para que pensem e discutam. Além disso, é fundamental dizer sempre a verdade. Se o catequista não souber responder a alguma pergunta, deverá se comprometer em procurar a resposta e levá-la no próximo encontro. Não deverá chamar a atenção do catequizando na frente de outras pessoas, mas a sós, depois do encontro. Se ele tiver algum problema, o catequista deverá procurar ser seu amigo para ajudá-lo a superar as suas dificuldades. Nesse momento de diálogo, é a oportunidade de envolver os mais tímidos e fechados através da atenção e do interesse por suas vidas. Mas cuidado para não dar a estes um tratamento visivelmente especial. Que em tudo o catequista procure criar dinâmicas de acolhimento.

Ao iniciar os encontros o catequista pode realizar uma pesquisa de opinião sobre os temas de interesse e o modo como o grupo pensa que devem ser desenvolvidas as atividades. Ótimas propostas poderão surgir e ser aproveitadas!

Oração

A oração é a resposta de fé à Palavra proclamada. Deve levar a uma ação concreta. É importante despertar o gosto pela oração e não ficar apenas no decorar, na repetição de palavras. Há que desenvolver o costume de conversar naturalmente com Deus, com muita espontaneidade. Isso não quer dizer que se deixe de ensinar as fórmulas das orações, ligadas aos temas da catequese. Por isso, é preciso motivar os pais dos catequizandos a ensinar, em casa, as principais orações dos cristãos e dos católicos.

A etapa da Perseverança consolida a educação recebida durante a iniciação eucarística. Por isso, logo no início é aconselhável retomar a importância da participação dominical na Eucaristia, a relação da Eucaristia com a vida cotidiana, como também os costumes cristãos de rezar antes das refeições, ao acordar e antes de dormir. A prática da celebração do sacramento da Reconciliação.

Há que estabelecer um contínuo esforço de ligar a catequese com a liturgia, mesmo que este projeto não vise diretamente à preparação de algum sacramento. É comum a queixa da ausência dos adolescentes na liturgia dominical. As orações propostas ao longo deste livro querem, de forma pedagógica, retomar as orações rezadas na liturgia com o objetivo de familiarizar o catequizando com a oração comunitária da Igreja. Daí a importância de cuidar da oração e não resumi-la num rápido momento ou desconsiderar as propostas aqui sugeridas.

Vivências que eduquem para a acolhida do outro são fundamentais. É preciso ensinar a ouvir a Palavra, a partilhar a vida, a pensar, praticar a ação de graças, a ser generoso, a oferecer a vida como serviço de amor e de dom de si (lava-pés), a pedir perdão e a reconhecer a presença e o direito do outro. Atitudes como essas, em pequenas vivências, sintonizam-se com a celebração litúrgica e colocam o Evangelho em ação. Naturalmente, será necessário preparar os adolescentes para essas práticas, pois se trata de exercícios simples, mas que resgatam atitudes infelizmente um tanto quanto esquecidas hoje.

Palavra de Deus

Nas grandes cidades, no metrô, trem ou ônibus, é comum encontrarmos pessoas lendo a Bíblia. Que belo exemplo. Por omissão nossa, os adolescentes poderão ser indagados, assim como Filipe perguntou ao alto funcionário de Candace, rainha da Etiópia: *Você compreende o que está lendo?* E a resposta poderá ser semelhante à do próprio eunuco:[6] *Como poderia, se ninguém me orienta?* (At 8,30-31).

Cada encontro apresentará uma passagem bíblica e proporá uma partilha para ajudar o catequizando a rezar e a se questionar. Claro que, durante o período do encontro, o catequista retomará o texto lido e estimulará outras leituras bíblicas.

---

[6] Homem castrado que estava diretamente a serviço da rainha, ou era guardião de mulheres, principalmente nos haréns.

Em torno da Palavra

No anexo, propomos as orações da manhã e da noite em forma de Ofício Divino, uma maneira antiga de a Igreja rezar. É uma oração bíblica, com variação de Salmos e de leituras. Valerá a pena o catequista iniciar vários encontros seguindo as etapas do Ofício Divino e estimular os adolescentes a rezarem durante a semana.

Recomenda-se celebrar adequadamente a leitura bíblica em alguns encontros durante o ano. Nesse momento orante do grupo, exercita-se a escuta ativa da Palavra a fim de despertar a necessária resposta de fé. Sugere-se criar um ambiente celebrativo: sentar em semicírculo, tendo ao centro um ambão (estante litúrgica) com a Sagrada Escritura e com uma toalha ou faixa da cor litúrgica do tempo (branco se Páscoa ou Natal, verde se Tempo Comum, roxo se Quaresma ou Advento), e uma vela grande.

Para as pessoas se concentrarem e ouvirem a proclamação, recomenda-se iniciar os encontros cantando um refrão meditativo ou um mantra, ora mais baixo, ora mais alto. Durante o canto um jovem se levanta e acende a vela grande. É recomendável cantar ou proclamar um Salmo com a participação do grupo por meio das respostas. Quando o Evangelho for proclamado, fica-se de pé; quando não, fica-se sentado. A proclamação sempre será feita do ambão. Em seguida, há uma conversa ou partilha, inspirada na Palavra ouvida, sobre a vida do grupo. Podem-se acrescentar preces de pedidos ou de ação de graças, propor alguma bênção etc.

Reflexão

Cada encontro apresentará uma reflexão com os principais argumentos para a compreensão do tema, com indicações que complementam e facilitam a construção do tema.

A conversa parte sempre do levantamento e do conhecimento da realidade em diálogo com a Palavra. O catequista procurará conhecer cada catequizando, a sua pessoa, a sua realidade familiar por meio de visitas, como também conhecer a vida da comunidade e outras realidades que os envolvem. Partindo do sentir e do pensar dos catequizandos, o catequista estimula a reflexão, influenciando positivamente no mundo deles.

O catequista procurará colocar e desenvolver o tema ou o assunto do encontro numa linguagem simples, levando em conta o vocabulário do catequizando, dialogando com ele, a partir da Palavra proclamada. O diálogo deve levar o catequizando à oração, colocando-o diante da Palavra de Deus, com o compromisso de colocá-la em prática na vida diária.

Vivência

A finalidade desta parte é fazer com que catequista e catequizando levem à prática o que estão elaborando como reflexão do grupo. É o agir transformador. Ele está ligado à Palavra de Deus que nos questiona e tem como objetivo a mudança de vida das pessoas, buscando uma sociedade justa e fraterna.

Avaliação

É importante que a avaliação da caminhada seja feita no grupo de catequistas da comunidade. Avaliar o próprio trabalho não é defender o trabalho nosso ou acusar o dos outros. Devemos ter a coragem de nos questionar para crescer. Podemos começar avaliando nossa dedicação ao trabalho: se nos preparamos convenientemente para os encontros, se houve tempo suficiente de planejamento e formação pessoal.

Em relação aos catequizandos, pode-se perguntar se os encontros estão incidindo na vida dos catequizandos; se o catequista está assimilando a realidade em que vivem os catequizandos; qual a convivência entre o catequista e os catequizandos; como estão sendo usadas as dinâmicas de grupo para tornar a catequese mais agradável; de que maneira os cantos têm contribuído para o sucesso do encontro; qual é a participação e a colaboração dos pais dos catequizandos na catequese.

Unidade I
Grupo de discípulos

1º encontro

Formamos um grupo

Previamente é organizado um painel com a exposição de imagens que ilustrem a organização das pessoas nos mais diferentes tipos de grupos, nas mais variadas idades e atividades, de modo que, ao olharem, os perseverantes tenham aguçada sua sensibilidade sobre a importância do grupo ao qual assumem. Podem ser usadas imagens de jornais e revistas, desenhos, fotos de grupos da comunidade ou de outras comunidades recolhidas na internet. Em destaque, num lugar especial, será colocada a fotografia deste novo grupo que se forma.

Estas fotos também podem ser espalhadas por todo o ambiente do encontro, dinamizando a partilha entre o grupo, ou entregues aos perseverantes em forma de cartões postais com uma bela mensagem de acolhida.

Músicas que se fazem presentes na rotina de vida dos adolescentes podem ser utilizadas, de modo a reconhecer e valorizar, desde o início, o universo de elementos com os quais eles convivem. Podem ser ouvidas em Paulinas-Comep, no alicativo de música de preferência.

Com a realização de uma dinâmica de apresentação, o catequista proporciona ao grupo um momento de descontração, agradecendo a presença de todos e afirmando a importância de um novo grupo que se forma. Pergunta sobre as fotos/cartão recebidas e motiva para que participem expressando o que estão sentindo.

ORAÇÃO

Neste momento alguns dos integrantes do grupo são convidados a proclamarem a oração, compartilhando-a com seus companheiros. É importante que de modo espontâneo os leitores se apresentem, dinamizando a interação do grupo.

Particularmente em relação ao leitor 2, peça que este se dirija ao local previamente organizado para uma leitura silenciosa da Palavra e entenda o sentido da leitura da Palavra e a proclame devagar. Destaque o lugar da proclamação usando uma estante, velas e uma Bíblia com boa tradução.

Enquanto isso, os outros integrantes são convidados a realizarem uma oração pessoal, uma conversa com Deus sobre esta nova etapa que se abre à vida de cada um, sendo-lhes entregues uma folha de papel e uma caneta para que desenhem uma das partes de um corpo inteiro (um pé, um coração, uma orelha etc.).

Todos são convidados a recortarem seus desenhos e a montarem a imagem a partir da soma de suas partes, observando o que acontece.

Ao final todos compartilham:

Leitor 1: *Formamos um grupo que tem Jesus Cristo por cabeça. Somos o seu Corpo, com muitos membros diferentes, cada um é de um jeito. Mas o importante é que estamos unidos, porque ele está entre nós.*

Dirigente: *Em nome do Pai…*

Dirigente: *O Senhor esteja convosco!*

Todos: *Ele está no meio de nós.*

Leitor 1: *A saudação inicial da Missa quer nos colocar em íntima união com a Trindade santa e depois, antes da proclamação do Evangelho, no início da oração eucarística e na bênção final tomamos consciência de que o Senhor está no meio de nós. Também em nosso grupo, o Senhor se faz presente.*

Pausa em silêncio. Chega o momento em que o leitor 2 proclama a Palavra.

Leitor 2: *Leitura da Primeira carta de São Paulo aos Coríntios capítulo 12, versículos 12-20.*

Partilha da Palavra

O catequista solicita a participação do grupo com algumas intervenções a partir do que entenderam sobre a mensagem.

Pelo Batismo fazemos parte do corpo de Cristo, fomos enxertados nele, por isso somos chamados cristãos. A nossa união em Cristo nos convida a formar um grupo unido com o objetivo de conhecer, viver e amar em Cristo.

Mesmo com nossas diferenças, temos a mesma condição diante do Pai? Quem é mais importante no grupo? Que significa ter Cristo como nossa cabeça?

A assembleia eucarística é a melhor imagem do Corpo de Cristo, ou seja, da Igreja que somos nós. *Onde dois ou três estiverem reunidos em meu nome, eu estou ali, no meio deles* (Mt 18,20). Valorizamos a reunião da Igreja, do Corpo de Cristo, participando da assembleia dominical?

Concluir com a oração do Pai-nosso.

REFLEXÃO

Realizada a proclamação da Palavra, o catequista inicia uma conversa espontânea com o grupo, acolhendo suas opiniões sobre a importância da formação de um grupo e possibilitando que todos compartilhem suas opiniões.

Nós nos reunimos como um grupo de amigos que querem se conhecer, se respeitar, se estimar e se ajudar mutuamente. Parece ser mais fácil ter uma turma pra "zoar" ou estar junto só com aqueles que nos agradam. Nós nos reunimos em Cristo e queremos reconhecê-lo presente entre nós. Ele, de fato, está em cada um de nós e também entre nós: em sua Palavra que proclamamos e meditamos; nas orações que lhe dirigimos; na caridade que praticamos.

Certamente, a presença de Cristo encherá de alegria nossos encontros, porque ele é nosso amigo (cf. Jo 15,14-15) e é o motivo principal de nossa reunião: queremos conhecê-lo sempre mais, seguir seus passos porque ele é *o Caminho, a Verdade e a Vida* (Jo 14,6). Para isso acontecer, há uma condição: *Nisto conhecerão todos que sois os meus discípulos: se vos amardes uns aos outros* (Jo 13,35).

De início, vamos nos apresentar e aos poucos vamos nos conhecendo mais profundamente. Queremos formar um grupo de vida, isto é, de partilha do que pensamos e sonhamos, como também de nossas dúvidas e problemas que passamos. É importante nos sentirmos bem e confiantes no grupo para nos abrirmos e nos ajudarmos mutuamente, sempre de olho no objetivo de sermos mais parecidos com Jesus Cristo. Por isso, iremos discernir nossas atitudes para que elas reflitam o modo de ser de Jesus Cristo. Não podemos repetir o que Jesus fez *naquele tempo*; hoje as coisas são muito diferentes, mas podemos entender qual era a sua mentalidade e o que considerava mais importante.

VIVÊNCIA

Objetivo

Propiciar um momento de descontração e interação dos membros do grupo e proporcionar mais familiaridade e confiança entre os catequizandos.

É importante que os participantes percebam que essa brincadeira não se trata apenas de uma "corrida de cadeiras", mas sim de um delicioso passeio nos braços de outras pessoas.

Materiais

Aparelho de som e música instrumental.

Desenvolvimento

Primeiro passo: Em primeiro lugar, o facilitador solicita que os participantes fiquem em pé. Em seguida, pede que façam um círculo de mãos dadas. Posteriormente, cada um é estimulado a falar uma palavra de incentivo aos demais, como, por exemplo, força, alegria, luz, amor etc.

Segundo passo: Ele solicita que as pessoas se dividam em grupos de três integrantes e se espalhem pela sala (caso não haja um número suficiente de pessoas, a dica é formar um grupo de quatro integrantes). Inicialmente, dois participantes vão entrelaçar os braços entre si, formando uma "cadeirinha". Em seguida, carregam o terceiro por um determinado período. Para que todos sejam transportados, é importante que haja um revezamento entre os integrantes dos grupos. Ao término dessa etapa, todos se sentam em círculo.

Terceiro passo: O animador solicita que todos fiquem em pé. Em seguida, pede que deem as mãos e agitem os braços por um determinado tempo, ao som da música instrumental.

Quarto passo: Sentados em círculo, o facilitador estimula os participantes a compartilharem com os demais a experiência de cuidar e ser cuidado.[1]

Obs.: O ato de ser levado pelos outros exigiu confiança, entrega, e quem carregou teve responsabilidade e cuidado. Como essas atitudes serão desenvolvidas em nosso grupo? Vamos fazer um trato: logo no início, vamos sempre ouvir e respeitar o outro, sem rir dele ou menosprezá-lo porque é diferente de mim. Pelo contrário, vou querer escutar atentamente, principalmente se for alguma coisa referente à sua experiência de vida pessoal. Por isso vou ser muito cuidadoso ao comentar este assunto com outra pessoa; já em casa, com os pais, não haverá problema em comentar.

---

[1] ANDRADE, Márcia Campos. *Dinâmicas para a convivência humana*. São Paulo, Paulinas, 2006. pp. 18-19.

2º encontro

Grupo de discípulos

ORAÇÃO

Para este encontro o grupo é convidado a se reunir na frente da paróquia. Alguém que toca violão anima o grupo até que todos estejam presentes, entoando músicas conhecidas do grupo e lhes apresentando cânticos que façam referência à fé professada.

O animador propõe ao grupo a brincadeira "Faremos tudo o que o seu mestre mandar?", indicando algumas tarefas a serem concluídas rapidamente, tais como:

Pular 10 vezes com uma perna só. Procurar uma pedra. Abraçar alguém que esteja com uma peça de roupa ou acessório vermelho.

O animador convida os participantes a também indicarem tarefas, proporcionando maior interação entre o grupo. Finalizada a brincadeira, todos são convidados a seguirem o animador até o presbitério da igreja, numa bonita procissão. Entoa-se uma música que fale do discipulado.

Leitor 1: *Seguir Jesus é permanecer unido a ele. Seguir Jesus é conviver com o Mestre, partilhar a vida com ele, conhecer mais a fundo sua missão. Por isso, ele nos diz: Aquele que permanece em mim produz muito fruto.*

Proveitosamente, esta oração pode ser feita com o grupo reunido ao redor do ambão (mesa da Palavra) no presbitério da igreja. Grupo de pé.

Leitor 2: *O Senhor esteja convosco!*

Todos: *Ele está no meio de nós.*

Leitor 2: *Proclamação do Evangelho de Jesus Cristo segundo João capítulo 15, versículos 1-8.*

Todos: *Glória a vós, Senhor!*

Todos se persignam. No final da proclamação, o leitor beija o livro.

Partilha da Palavra

"Com a parábola da Videira e dos Ramos [...], Jesus quer que seu discípulo se vincule a ele como 'amigo' e como 'irmão'. O 'amigo' ingressa em sua Vida, fazendo-a própria. O amigo escuta Jesus, conhece o Pai e faz fluir sua Vida (Jesus Cristo) na própria existência (cf. Jo 15,14), marcando o relacionamento com todos (cf. Jo 15,12). O 'irmão' de Jesus (cf. Jo 20,17) participa da vida do Ressuscitado, Filho do Pai celestial, porque Jesus e seu discípulo compartilham a mesma vida que procede do Pai: o próprio Jesus, por natureza (cf. Jo 5,26; 10,30), e o discípulo, por participação (cf. Jo 10,10). A consequência imediata desse tipo de vínculo é a condição de irmãos que os membros de sua comunidade adquirem."[1]

Os sinais mais claros que mostram que somos seguidores do Mestre são os frutos que produzimos. Que frutos são esses? É verdade que pelos frutos se conhece a árvore? É possível estar unido a Cristo e não produzir fruto?

A Eucaristia tem como finalidade principal promover a união do fiel com Cristo. *Quem come a minha carne e bebe o meu sangue permanece em mim e eu nele* (Jo 6,56). Que implica comungar o sacramento da Eucaristia e produzir fruto?

Concluir com a oração do Pai-nosso.

REFLEXÃO

Realizada a proclamação da Palavra, o catequista pede para o grupo se organizar em duplas e refletir sobre o que é ser mestre, ser discí-

---

[1] Documento de Aparecida, n. 132.

pulo e qual a relação entre eles. Como isso acontece no Evangelho e hoje, em nosso dia a dia.

Em seu tempo, Jesus chamou apóstolos, discípulos e discípulas para o seguirem. *Os Doze iam com ele, e também algumas mulheres que tinham sido curadas de espíritos maus e de doenças... e muitas outras mulheres, que os ajudavam com seus bens* (Lc 8,1b-2). Eram pessoas que escutavam o seu convite: *Vem e segue-me*. Eles consideravam o chamado de Jesus como o fato mais importante de suas vidas. Ao serem chamados, os apóstolos *deixaram tudo e o seguiram* (Lc 5,27-28).

Foi Jesus quem os escolheu para *que estivessem com ele* (Mc 3,14), para viverem em comunhão com ele e, assim, viverem em comunhão com o Pai. Ele exige adesão não apenas à sua causa, mas também a toda a sua pessoa. São chamados para fazerem do "caminho" de Jesus o próprio "caminho".

O chamado que Jesus Mestre faz implica uma grande novidade. Jesus convida a nos encontrar com ele, porque é a fonte da vida (cf. Jo 15,1-5) e só ele tem palavras de vida eterna (cf. Jo 6,68). Na convivência cotidiana, os discípulos logo descobriram duas coisas bem originais no relacionamento com Jesus. Por um lado, não foram eles que escolheram seu mestre, foi Cristo quem os escolheu. E, por outro lado, eles foram escolhidos para se vincularem intimamente à Pessoa dele (cf. Mc 1,17; 2,14). Jesus os escolheu para participarem de sua missão.[2]

O discípulo é alguém chamado por Jesus Cristo para com ele conviver, participar de sua Vida, unir-se à sua Pessoa e aderir à sua missão, colaborando com ela. Mas sua salvação requer nossa adesão à sua pessoa, ao seu Reino. Por isso, "a resposta a seu chamado exige entrar na dinâmica do Bom Samaritano (cf. Lc 10,29-37), que nos dá o imperativo de nos fazer próximos, especialmente com quem sofre, e gerar uma sociedade sem excluídos, seguindo a prática de Jesus que come com publicanos e pecadores (cf. Lc 5,29-32), que acolhe os pequenos e as crianças (cf. Mc 10,13-16), que cura os leprosos (cf. Mc 1,40-45), que perdoa e

---

[2] Cf. Documento de Aparecida, n. 131.

liberta a mulher pecadora (cf. Lc 7,36-49; Jo 8,1-11), que fala com a Samaritana (cf. Jo 4,1-26)".[3]

Vamos fazer a experiência de sermos discípulos do Mestre. É mais fácil olharmos para o crucifixo, dirigir-lhe uma lista de pedidos e pensar que somente rezamos quando estamos na Igreja ou diante do Santíssimo Sacramento ou de uma imagem. Nosso caminho será diferente. Queremos seguir Jesus como os discípulos o seguiam em seu tempo. Eles conviviam com Jesus, aprendiam dele o sentido de viver. Jesus lhes explicava mais profundamente o sentido de seus milagres e parábolas e cuidava para que eles não se desanimassem com o sofrimento e a decepção de sua morte na cruz. Também lhes apareceu como ressuscitado e lhes fortaleceu com o dom do Espírito Santo.

VIVÊNCIA

O discípulo participa da missão de Jesus de anunciar a Boa-Nova aos pobres, de sarar os corações feridos, de dar a vista aos cegos e de fazer os coxos andarem. Pedir para o grupo refletir Mt 11,1-6 — *A pergunta de João Batista sobre quem é Jesus* — e depois, utilizando figuras de revistas e recortes de jornais, responder: como podemos participar e continuar a missão de Jesus Cristo em nosso meio? Montar um painel e possivelmente expor na comunidade.

---

[3] Documento de Aparecida, n. 135.

Discípulos de Emaús

3º encontro

Ao relatar o trajeto dos discípulos em companhia de Jesus, a comunidade cristã tem em sua mente a pergunta: *Agora que ele ressuscitou, como e onde podemos encontrá-lo?* O seguimento de Cristo, o encontro com o Ressuscitado na Palavra proclamada e no pão partido na celebração da comunidade marcam o sentido desta passagem.

O relato começa: *Naquele mesmo dia, o primeiro da semana,* ou seja, trata-se do domingo. Os primeiros cristãos distinguiram este dia do sábado, pois é o consagrado ao Senhor, dia em que o Senhor ressuscitou!

Para melhor compreensão de *Lc 24,13-35 — Discípulos de Emaús,* vamos dividir a passagem bíblica em quatro momentos. Cada trecho deverá ser proclamado com clareza e calma e preferencialmente em quatro lugares distintos: (1) diante da porta de entrada da igreja, (2) ao redor do ambão da Palavra, (3) ao redor do altar e (4) fora da igreja.

Depois, recomenda-se partilhar a Palavra, sem necessariamente repetir o comentário oferecido, e concluir com preces espontâneas.

PRIMEIRA PARTE

Diante da porta de entrada da igreja.

Proclamar: vv. 13-14 — deixar Jerusalém.

Vamos fazer a experiência dos discípulos de Emaús. Eles estavam tristes e desanimados. Os acontecimentos eram ruins, pois se decepcionaram com aquele que prometia ser o libertador de Israel. Jesus foi crucificado! Morreu! E com essa morte sepultam-se as esperanças de dias melhores. Por isso, *afastavam-se de Jerusalém*, o lugar sagrado do cumprimento das promessas messiânicas; seguiam em direção contrária ao projeto de Deus.

Ao nosso lado, constatamos muitos motivos de desesperança, cansaço e falta de fé na manifestação de Deus no mundo. Quantos companheiros nossos também se "afastam de Jerusalém", decepcionados com o crucificado. Diante do tamanho avanço da tecnologia, é mais fácil acreditar em superpoderes ou em soluções mágicas de um Deus alheio às limitações e aos sofrimentos humanos.

Partilha

Ultimamente, quais fatos nos chamam mais nossa atenção? Qual o significado de um Deus crucificado? Qual é o nosso ânimo de seguir a Cristo e de formar um grupo de discipulado?

SEGUNDA PARTE

Ao redor do ambão da Palavra.

Proclamar vv. 15-27 — Jesus toma a iniciativa de caminhar com eles.

Produz-se o encontro, Jesus se coloca a caminho com eles. Só se pode compartilhar a vida quando nos colocamos ao lado de alguém e convivemos com ele. Jesus não demonstra sua superioridade, deixa de lado grandiosidades e autoritarismos, características próprias de quem tem poder e se sente acima do outro.

De outra parte, o pessimismo os mantinha impermeáveis à novidade do encontro, *Seus olhos, porém, estavam como vendados, incapazes de reconhecê-lo* (v. 16). Estar com Jesus e não reconhecê-lo é algo assustador, faz lembrar a passagem do juízo final, quando os que são condenados lhe dizem: *Senhor, quando foi que te vimos com sede, forasteiro ou nu, doente ou preso, e não te servimos?* (Mt 25,44).

Notemos bem que os discípulos conheciam todos os detalhes da paixão e morte de Cristo, inclusive dos relatos das mulheres que foram ao túmulo e o encontraram vazio, porém, lhes faltava o essencial: a fé para acolher a novidade transformadora. Por isso, Jesus lhes chama a atenção: *Como sois sem inteligência e lentos para crer em tudo o que os profetas falaram* (v. 25). Começando por Moisés e passando por todos os profetas, Jesus refaz o caminho da fé. Esse dado, unido ao fato de tudo transcorrer no domingo, nos dá a consciência de que é ele que atualmente proclama as Escrituras na celebração dominical da comunidade.

A fé necessita de tempo de caminhada. Hoje, queremos tudo tão rapidamente, mas o caminho de Deus não pode ser trilhado na mesma velocidade de um comando do computador. Por isso, discipulado é partilha de vida, tempo de gestação. Justamente o contrário de tudo aquilo que a urgência do tempo de hoje exige, pois está sempre atrás de uma novidade que se sucede à outra, valendo somente o "agora"!

Partilha

A fé não se compra, se cultiva. Estamos dispostos a doar nosso tempo para andar com Jesus e adquirir esse grande tesouro? Vamos nos dar conta de que em toda celebração litúrgica ocorre a proclamação da Palavra. Por que a Palavra proclamada é tão importante? Prestamos atenção à liturgia da Palavra? Acompanhamos sua explicação na homilia?

TERCEIRA PARTE

Ao redor do altar.

Proclamar vv. 28-32 — seus olhos se abrem.

Os discípulos, finalmente, encontraram o Mestre, pois se sentaram à mesa e Jesus *tomou o pão, pronunciou a bênção, partiu-o e deu a eles* (v. 30), e, então, seus olhos se abriram. Sem o saber, eles já andavam com Jesus Ressuscitado, mas concluíram depois que ele havia se afastado: *Não estava ardendo o nosso coração quando ele nos falava pelo caminho e nos explicava as Escrituras?* (v. 32).

O Senhor educa o discípulo e divide sua vida de Ressuscitado com ele. O encontro sacramental com o Senhor na celebração dominical nos dá sua graça divina, que nos acompanha durante toda a semana e faz com que nos sintamos em sua presença todas as horas do dia.

Quando sente a força do olhar, da graça, do perdão, da misericórdia de Jesus, o discípulo não consegue permanecer o mesmo. Naturalmente, quer conhecê-lo mais a fundo e estar em sua presença. Assim, a oração pessoal, as celebrações da comunidade, maximamente a Eucaristia dominical, tornam-se lugares de encontro íntimo e pessoal com o Mestre. Eis o objetivo principal de nosso grupo de Perseverança: promover o encontro eficaz do discípulo com o Mestre.

Partilha

Eucaristia quer dizer "ação de graças", isto é, damos graças ao Pai pela criação e recordamos o motivo maior de sua bênção: a redenção que seu Filho nos deu com sua morte e ressurreição. Participamos desse acontecimento memorial pela força do Espírito Santo. Vamos agradecer primeiramente a Deus, mas também às pessoas de nossa convivência por tudo o que temos e somos. Essa é uma atitude básica e fundamental da vida cristã.

A comunidade entende que Jesus partilha com ela a sua vida, o seu Corpo e o seu Sangue. Estamos dispostos a partilhar nossa vida com nossos amigos no grupo? Temos confiança em fazer isso?

QUARTA PARTE

Fora da igreja.

Proclamar vv. 33-35 — anunciadores da vida nova.

Imediatamente, a reação deles foi a de voltar a Jerusalém e contar a grande experiência que tiveram com o Ressuscitado; relatar *o que tinha acontecido no caminho, e como o tinham reconhecido ao partir o pão* (v. 35). Quando se encontram com o Ressuscitado, eles retomam o projeto de Deus em suas vidas e passam a saber onde poderão encontrá-lo.

Igualmente à luz da Palavra de Deus, os acontecimentos da vida fazem a gente perceber a manifestação da vontade do Senhor. O seguimento de Jesus acontece após o encontro que temos com a pessoa dele. A força desse encontro é capaz de mudar os rumos de nossa vida, pois passamos a enxergar as coisas e a vida de um modo diferente do comum. Esse encontro é possível porque o Espírito Santo gera Jesus em nós, como o gerou em Maria Santíssima, e também nos revela Jesus e desenha seu rosto em nosso coração.

Partilha

Indague os catequizandos sobre os compromissos que nascem da celebração eucarística. Aponte algumas atitudes cristãs concretas que nascem da comunhão e da partilha de vida com o Ressuscitado.

4º encontro

Musimensagem

Ouvir atentamente a música com a letra nas mãos.

Um coração me procurou
Pe. Zezinho, scj. CD Pe. Zezinho. _Discípulos, missionários._

Um coração me procurou
Indeciso ele me encontrou
Dialogou, me convenceu
Perguntou se eu queria ser seu

Ser seu amigo e seu seguidor
Seu missionário
E seu pregador
Quase não acreditei
Não merecia, mas aceitei (2x)

O coração que me chamou
Compreendeu minha hesitação
Dialogou, me incentivou
Foi mostrando o que é vocação
Fez-se meu mestre, meu professor
Me incentivando a ser pregador
Sei que eu ainda não sei
Mas pouco a pouco aprenderei (2x)

O coração que é Jesus
Inundou meu caminho de luz
Não me enganou, me preveniu
Que o caminho tem dor e tem cruz

Mas prometeu não me abandonar
Se eu lhe pedir e se eu confiar
Se eu não parar de aprender
Na sua graça eu hei de crescer (2x)

REFLEXÃO

A graça de Deus vem sempre antes de nossa iniciativa de ir ao encontro dele. O Senhor fala ao profeta Jeremias: *Antes de formar-te no seio de tua mãe, eu já te conhecia, antes de saíres do ventre, eu te consagrei e te fiz profeta para as nações* (Jr 1,5). O amor de Deus para com cada um de nós é um amor de eleição ou, se quisermos, de predileção. Ele vem ao nosso encontro, quer estabelecer aliança e entrar em comunhão. Por isso, ele é um Deus de bondade, de misericórdia e está sempre pronto a nos perdoar.

Jesus, o Filho de Deus, tem a mesma atitude que o Pai: sai em busca da ovelha desgarrada, acolhe os pecadores e ceia com eles, vai à casa de Zaqueu, chama Mateus, o coletor de imposto, abençoa as crianças, socorre a viúva, cura os leprosos, enfim, acolhe a todos os que o buscam, sobretudo os excluídos da sociedade de Israel.

O Senhor nos procura, mas é educado, respeita nossa liberdade e espera que aceitemos a sua pessoa em nossa vida. *Eis que estou à porta e bato; se alguém ouvir minha voz e abrir a porta, eu entrarei na sua casa e tomaremos a refeição, eu com ele e ele comigo* (Ap 3,20). Não há gesto maior de comunhão do que sentar-se à mesa de casa para comer com o amigo. Com Jesus não há distâncias que separem nossa amizade para com ele. Por isso, é muito justo o título da canção: "Um coração me procurou", pois ele continuamente nos busca e nos espera.

De nossa parte, brotam a dúvida, o preconceito e a incredulidade, para que não nos entreguemos a esse encontro, mas mesmo assim o Senhor confia em nós! Conhece nossa pouca maturidade e sabe que sempre haverá o momento da descoberta, da oportunidade do encontro e a alegria de poder unir o seu coração ao nosso. É o Espírito Santo que nos conduz a Cristo; como o orvalho suave que fecunda a terra, ele prepara o nosso coração para acolher Cristo e confiar no seu amor.

O Senhor quer que sejamos seus. Porque nos conhece, conversa conosco; pelos muitos fatos ocorridos, nos ensina; diante das falsas notícias, nos aponta o essencial. Somos seus amigos, seguidores e missionários.

Primeiramente, os apóstolos viveram com o Mestre e amigo, mas logo compreenderam que Jesus era um grande profeta, maior que João Batista, porque curava leprosos, fazia milagres, multiplicava pães, andava sobre as águas, pregava o Reino de justiça e liberdade, desafiava as regras da lei dos judeus. Como passar dessa admiração para as contrariedades de sua missão de Servo sofredor e de redentor da humanidade? Como manter o entusiasmo por ele, diante de tanto fracasso humano? Não havia dificuldade em segui-lo como profeta poderoso em palavras e obras, porém acolhê-lo como Filho de Deus era algo bem difícil.

Eles fizeram um longo percurso para o descobrirem como Senhor e Deus. E conosco isso não é diferente. É fácil vibrar com o Jesus poderoso e fazedor de milagres, mas segui-lo quando nos pede retidão de vida, opção pelo trabalho, cuidado para com os excluídos e doentes... é algo que nos parece custoso.

Assim, a canção é realista ao dizer que ele dialoga conosco e nos incentiva a ficar consigo, pois isso representa um aprendizado. Resta-nos ter confiança: "Sei que ainda não sei, mas pouco a pouco aprenderei".

A luz de Cristo nos inunda e não nos engana. E segui-lo comporta entender o segredo da cruz como sinônimo de amor, doação e entrega. Para amar de verdade, é preciso se dedicar, se cansar, trabalhando sempre em favor do outro, da família, da comunidade etc. O importante é que a graça dele nos acompanha e faz com que cresçam nossa generosidade e nosso desejo de amar mais. Só então podemos ser considerados seus discípulos.

Ouvir novamente a música.

Unidade II
Nova etapa de fé

5º encontro

Uma nova etapa de fé

No ambiente do encontro podem ser expostas mensagens diversas para a apreciação dos participantes. Enquanto os componentes do grupo vão chegando, todos podem compartilhar da leitura e reflexão das mensagens. Elas podem ser projetadas com slides, compostas num painel, entregues em forma de cartão para cada um dos presentes, espalhadas pelo chão para montagem, com palavras soltas para leitura e organização lógica.

O catequista acolhe todo o grupo, convidando cada um dos seus integrantes a ler as mensagens e a escolher a que mais lhe chama a atenção. Devem fazer esse trabalho de modo pessoal e concentrado, captando ao máximo o que as mensagens têm a dizer. Se projetadas, todo o grupo acompanha, realizando o mesmo processo de escolha pessoal.

ORAÇÃO

Em uma mesa com toalha, depositar velas, o livro do Evangelho e um grande pão numa bandeja para ser partilhado. Preparar bem o leitor para proclamar o texto.

Leitor 1: *A palavra Eucaristia quer dizer "ação de graças". Na Missa agradecemos a Deus por ele nos ter criado e nos ter salvado por meio do sacrifício de Cristo na cruz.*

Leitor 2: *A oração eucarística que se reza na Missa sobre o pão e o vinho tem a finalidade de que toda a assembleia se una com Cristo na proclamação das maravilhas de Deus na criação e na oferta do seu sacrifício.*

Aclamação ao Evangelho

Entoar um canto de aclamação.

Leitor 2: *O Senhor esteja convosco!*

Todos: *Ele está no meio de nós.*

Leitor 2: *Proclamação do Evangelho de Jesus Cristo segundo Marcos capítulo 14, versículos 22-25.*

Todos: *Glória a vós, Senhor!*

Todos se persignam. No final da proclamação, o leitor beija o livro.

Partilha da Palavra

Enquanto comiam, Jesus tomou o pão e, tendo pronunciado a bênção... Quando bendizemos a Deus ou o louvamos? Neste gesto reconhecemos que tudo vem de Deus e que tudo o que temos ou somos é pura gratuidade do seu amor que nos ampara e vai além do que ousamos pedir.

Em seguida, tomou o cálice, deu graças... Em nossa vida, é comum a gente agradecer a Deus e aos outros? Quando isso mais acontece? Além de nos criar, Deus nos salvou em Cristo; esse é o motivo principal de nossa ação de graças.

Rezar o Pai-nosso. Iniciar um canto de comunhão e partilhar o pão.

REFLEXÃO

O catequista convida o grupo a expressar seus sentimentos sobre o gesto da partilha. O que acharam? Qual o significado do gesto? Por que ele é importante?

Aproximar-se da mesa da Eucaristia foi um passo importante na vida de fé daquele que quer ser discípulo. Daqui por diante, as atitudes de quem comunga Cristo eucarístico deverão corresponder sempre mais à doação de Cristo na cruz. Ele nos amou a ponto de derramar o seu sangue e entregar o seu corpo para nos salvar. Deixou-nos o sacramento, ou seja, o sinal visível de seu sacrifício na cruz no pão e no vinho transformados no seu Corpo e no seu Sangue. Comer e beber deste sacramento nos possibilita estar em comunhão com ele e com sua missão.

Na Missa, nós nos unimos ao sacrifício de Cristo. Jesus associa a nós, o nosso trabalho, enfim, a nossa vida à oferta que ele faz de si mesmo ao Pai no sacrifício da cruz. Toda forma de doação de vida é expressão de amor e de entrega ao outro, assim como um pai ou uma mãe que duramente trabalha na semana, toma ônibus cheio, vem cansado para a casa. Esse trabalho, essa entrega e doação vão gerar mais condições para os filhos crescerem e se tornarem pessoas.

Podemos nos perguntar: qual a relação do trabalho dessa família com a oração que o sacerdote diz ao apresentar o pão e o vinho: *Bendito sejais, Senhor Deus do Universo, pelo pão e o vinho que recebemos de vossa bondade, frutos da terra e do trabalho humano, que agora vos apresentamos, e para nós se vão tornar pão da vida e vinho da salvação!* Agradecemos a Deus pela criação, pela terra que germina o grão e também porque ele nos dá forças, coragem para transformarmos a criação com o nosso trabalho e assim gerar mais vida. A Eucaristia é a grande ação de graças ao Pai pelos alimentos, pelos acontecimentos, pela obra da criação e principalmente porque nos deu o seu Filho para a nossa salvação.

O nosso trabalho, simbolizado naquele de plantar a semente e transformar o trigo e a uva em pão e vinho, se une ao trabalho-oferta de Jesus na cruz para gerar a vida. Eis o pão da vida e o vinho da salvação.

Quando amamos, fazemos Eucaristia. Quando partilhamos nossos bens, também partilhamos o pão da Eucaristia. Quando servimos ao próximo, imitamos Jesus que lavou os pés dos apóstolos. Dessa forma, entendemos que a Eucaristia começa ritualmente na celebração para ser vivida e continuada durante toda a nossa semana.[1]

---

[1] Para ilustrar e complementar o tema, recomendamos: NUCAP. A celebração da Eucaristia, pp. 27-34; cartaz, n. 4. In: *Catequese sacramental*. São Paulo, Paulinas, 2008.

VIVÊNCIA

Este exercício tem o objetivo de ampliar a compreensão da Eucaristia. Este sacramento foi instituído para realizar a comunhão das pessoas com a vida e a missão de Cristo, e dessa forma produzir a unidade e permanência em Cristo.

Em pequenos subgrupos, distribua as citações evangélicas para serem buscadas. Peça aos adolescentes que comparem estas passagens com atitudes que revelem a concretização da Eucaristia na própria vida e na dos outros. Depois, reúna os grupos para a partilha da reflexão.

Citação 1 – Antes da ceia pascal, Jesus derramou água numa bacia e lavou os pés dos apóstolos e disse-lhes: *Entendeis o que eu vos fiz? Se eu, o Senhor e Mestre, vos lavei os pés, também vós deveis lavar os pés uns aos outros. Dei-vos o exemplo, para que façais assim como eu fiz para vós* (Jo 13,12b.14-15).

O gesto do lava-pés e o fato de morrer na cruz estão próximos um do outro. Quando isso acontece conosco?

Citação 2 – Os dois caminheiros de Emaús, após estarem com Jesus, voltaram para Jerusalém, *Então os dois contaram o que tinha acontecido no caminho, e como tinham reconhecido Jesus ao partir o pão* (Lc 24,35).

Quando acontece a partilha do pão? De qual pão? Quando partilhamos a vida?

Citação 3 – *Partiu o pão e entregou-lhes dizendo: "Tomai, isto é o meu corpo"* (Mc 14,22).

Estar de bem com alguém significa estar em comunhão; estar de mal é o contrário. Receber a Eucaristia é fazer comunhão. Que significa estar em comunhão com Jesus?

Citação 4 – *Quem quiser salvar sua vida a perderá; mas quem perder sua vida por causa de mim e do Evangelho a salvará* (Mc 8,35).

A entrega da vida de Jesus celebrada na Eucaristia corresponde à entrega que devemos fazer de nossa vida. Em que situações isso ocorre? Ou preferimos somente levar vantagem em tudo que fazemos.

Citação 5 – *Quem come a minha carne e bebe o meu sangue permanece em mim e eu nele* (Jo 6,56).

A Eucaristia é o sacramento que possibilita sermos transformados naquele que recebemos. Quando permanecemos com Jesus e, de fato, somos transformados segundo o seu coração e modo de atuar?

Citação 6 – *Eis que estou à porta, e bato; se alguém ouvir minha voz e abrir a porta, eu entrarei na sua casa e tomaremos a refeição, eu com ele e ele comigo* (Ap 3,20).

Em que situações abrimos ou fechamos a porta para Jesus entrar em nosso coração?

A troca de experiência entre os participantes é algo enriquecedor. Nesta nova etapa da vida de cada um a fé toma forma a partir do discernimento das mais variadas opiniões, superando preconceitos e valorizando o que cada um tem de melhor. Daí a necessidade de um abraço coletivo, da oração espontânea e agradecida pelo grupo que toma forma a cada dia.

6º encontro

Domingo, dia do Senhor!

ORAÇÃO

Lado 1: *Fizemos a primeira comunhão com Jesus no sacramento da Eucaristia. Participamos do seu sacrifício na cruz, da sua Páscoa por meio do Pão e do Vinho consagrados. Queremos que a nossa vida seja uma entrega continuada de amor ao próximo, assim como Cristo se ofereceu totalmente para a humanidade. Por isso, celebramos a Eucaristia durante toda a nossa vida.*

Lado 2: *A celebração eucarística dominical é nossa Páscoa semanal. Em cada celebração vamos progredindo em nossa resposta sempre mais comprometida com o Reino de Deus. Assim, oferecemos nossa vida como oferta de louvor, e a nossa doação e serviço aos irmãos vai se aperfeiçoando cada vez mais. A Páscoa de Cristo, sua morte e ressurreição, deve acontecer em nossa vida, até chegarmos à Páscoa final, quando veremos Deus face a face.*

Lado 1: *Em cada celebração eucarística participamos da Páscoa de Cristo.*

Todos: *Anunciamos Senhor a vossa morte e proclamamos a vossa ressurreição!*

Lado 2: *(Proclamar: Jo 20,1-2b.)*

Todos: *Como Maria Madalena, queremos anunciar a boa nova da ressurreição!*

Lado 1: *Participar da Páscoa é também doar a própria vida.*

Todos: *Anunciamos Senhor a vossa morte e proclamamos a vossa ressurreição!*

Lado 2: *(Proclamar: At 2,42.)*

Todos: *Todas as vezes que partimos o pão na comunidade, reconhecemos Jesus em nosso meio.*

Lado 1: *Cada vez que celebramos a Páscoa, estamos mais próximos de Jesus Ressuscitado.*

Todos: *Vinde, Senhor Jesus!*

Lado 2: *Vamos de Páscoa em Páscoa, até a Páscoa final.*

Todos: *Vinde, Senhor Jesus!*

Todos: *Pai nosso...*

Em procissão, o grupo entra cantando na igreja.

REFLEXÃO

O grupo se posiciona nos primeiros bancos da igreja. Acende-se uma vela, que será entregue a um participante. Este expressará numa palavra o sentido da celebração dominical para si. Em seguida, passará a vela a outro companheiro e assim até que todos tenham falado.

Reunimo-nos, aos domingos, como povo escolhido convocado por Deus para uma assembleia santa. Deus nos vai falar, ou melhor, ele mesmo em pessoa já nos falou por seu Filho Jesus, mas sua voz continua ecoando e é o seu próprio Filho quem proclama o Evangelho e renova seus efeitos de graça e de salvação.

No tempo de Jesus e ainda hoje, os judeus santificavam o sábado. Os cristãos, ao recordar o dia em que Jesus ressuscitou, o consagraram como o dia em que o Pai levou à perfeição a sua obra e por isso o dedicou ao Senhor. Em latim, *Senhor* é *Dominus*, que na nossa língua vai originar a palavra *domingo*.

Os apóstolos e os primeiros cristãos sempre se reuniram no primeiro dia da semana para fazer memória do Ressuscitado: *Ao anoitecer daquele dia, o primeiro da semana, os discípulos estavam reunidos...* (Jo 20,19). Agora, que Cristo está glorioso e junto de Deus Pai, o Senhor se faz sempre presente, quando a comunidade se reúne e faz memória de sua Páscoa na celebração da Eucaristia: *Oito dias depois, os discípulos encontravam-se reunidos na casa [...]. Jesus entrou, pôs-se no meio deles* (Jo 20,26).

Fazer memória não é apenas uma lembrança perdida do passado. Ao contrário, tem o sentido vivo de lembrar a Deus o fato salvador para que sua promessa de graça se torne realidade para aqueles que celebram o acontecimento. Assim, quando celebramos a Missa, participamos agora da Páscoa de Cristo — morte e ressurreição — e antecipamos a plenitude dela que a Igreja celeste celebra junto do Pai. "Todos os outros eventos da história acontecem uma vez e depois passam, engolidos pelo passado. O Mistério pascal de Cristo, ao contrário, não pode ficar somente no passado, já que pela sua morte destruiu a morte, e tudo o que Cristo é, fez e sofreu por todos os homens participa da eternidade divina, e por isso abraça todos os tempos e nele se mantém permanentemente presente. O evento da cruz e da ressurreição permanece e atrai tudo para a vida."[1]

Pelas grandes distâncias e poucos padres, muitas comunidades celebram o domingo sem o sinal pleno da Eucaristia, pois lhes faltam o padre e a consagração do pão e do vinho. No entanto, devemos valorizar os outros sinais que tornam presente o Ressuscitado e nos possibilitam entrar em comunhão com ele:

- a prática de santificar o dia de *Domingo,*

- a *comunidade reunida* em nome do Senhor,

- a presença animadora do *ministro* autorizado pelo bispo diocesano, que faz aquela reunião eclesial estar em comunhão com a Igreja universal,

---

[1] Catecismo da Igreja Católica, n. 1085b.

- a proclamação da *Palavra*,

- a oferenda da própria vida como compromisso de entrega e doação ao próximo,

- a santificação da assembleia pelo dom do Espírito.

Assim, nunca devemos nos ausentar da assembleia dominical da comunidade.[2]

VIVÊNCIA

Ao preparar a celebração, o grupo tomará consciência das partes da Missa, do seu significado e da vida da comunidade que a envolve. Vão constatar que não basta a mera distribuição de tarefas ou a simples escolha de cantos, como muitas vezes ocorre.

O catequista indicará as leituras da Missa do domingo seguinte, ou daquele que o grupo estará responsável pela animação, ajudará o grupo a ter presentes os principais acontecimentos e seguirá os passos indicados pela CNBB:[3]

1º passo: situar a celebração no tempo litúrgico e na vida da comunidade.

Deve-se aprofundar o sentido do tempo litúrgico, discutir algumas características próprias que darão um estilo à sua celebração. Não se celebra do mesmo jeito na Quaresma ou no Tempo Pascal.

Conhecer os acontecimentos marcantes da vida da comunidade, tanto os presentes quanto os que passaram: sociais, religiosos; do dia a dia, da comunidade, da região; nacionais, internacionais... Para enraizar a celebração no chão da vida.

Ver outros acontecimentos que marcam a celebração: por exemplo, uma data especial, dia da Bíblia, mês de maio, dia das mães, aniversário do pároco e outros já citados, marcarão a oração dos fiéis, o rito penitencial, a homilia.

---

[2] Para ilustrar e complementar o tema, recomendamos: NUCAP. O domingo, pp. 35-40; cartaz, n. 5. In: *Catequese sacramental*. São Paulo, Paulinas, 2008.

[3] Seguiremos: CNBB. *Animação da vida litúrgica no Brasil*. São Paulo, Paulinas, 1989. nn. 213-227. Documentos da CNBB, n. 43.

2º passo: Aprofundar as leituras.

Ler os textos bíblicos. Convém iniciar pelo Evangelho, que é a leitura principal do mistério de Cristo celebrado; e, a seguir, a primeira leitura, o Salmo responsorial e a segunda leitura.

Opera-se, então, o confronto entre a Palavra de Deus e a vida ajudado pelas perguntas: o que dizem as leituras? O que significam para a nossa vida? Como podem orientar o nosso agir? Quais os desafios de nossa realidade hoje? Como a Palavra de Deus ilumina nossa realidade? Como ligamos a Palavra com o mistério celebrado?

3º passo: Exercício de criatividade.

À luz dos passos anteriores — vida da comunidade, tempo litúrgico, Palavra de Deus —, procura-se, num exercício de criatividade, fazer surgir ideias, mesmo sem ordem, à maneira de uma tempestade mental. Selecionar depois as ideias a respeito de ritos, símbolos, cantos, para os ritos de entrada, o ato penitencial, o gesto da paz, a proclamação das leituras etc.

4º passo: Elaborar o roteiro da celebração.

Passando em revista as diversas partes da Missa, escolhem-se os cantos, os ritos etc., para cada momento dela, registrando tudo numa folha-roteiro, que servirá de guia para os diversos ministros.

Desse modo poderão participar da organização da liturgia do dia a partir da própria dinâmica da vida da comunidade: o recebimento das pessoas à porta da igreja, a anotação das intenções, a organização dos paramentos, a proclamação das leituras, a entrada da Bíblia, o recolhimento das ofertas... Até mesmo uma apresentação teatral ou de alguma mensagem à assembleia pode ser organizada, previamente comunicada e ensaiada de acordo com o Evangelho.

7º encontro

Ser em desenvolvimento

Para este encontro sugerimos que seja solicitada aos perseverantes a apresentação de objetos e/ou imagens da sua infância, tais como fotos, roupas, brinquedos... No caso das fotos, é interessante que cada um traga uma foto de quando era bebê, de modo a entregá-la diretamente ao catequista para que seja exposta num painel e todos possam observar e tentar adivinhar quem é.

ORAÇÃO

Lado 1: *Somos chamados a crescer, a desenvolver nossas capacidades num mundo em permanente mudança. Entre tantas novidades, há que saber buscar o fundamental para as nossas vidas. Como o menino Jesus, que não somente crescia em tamanho e força física.*

Lado 2: *(Proclamar: Lc 2,33.40-42.47.51.52.)*

Lado 1: *Somos caminheiros; aqui não é nossa morada definitiva. Vivemos com alegria, otimismo e esperança, mas o nosso coração se fixa no que é eterno e duradouro.*

Lado 2: *A Eucaristia nos ensina o que realmente importa na vida humana. Ela é pão partilhado para a vida do mundo.*

Todos: *Senhor! Dai-nos sempre desse pão.*

Lado 1: *Somos irmãos, sem distinção de raça, poder aquisitivo, homem ou mulher. Todos somos convidados para o banquete na casa do Senhor.*

Todos: *Senhor! Dai-nos sempre desse pão.*

Lado 2: *(Proclamar: Jo 6,54.)*

Todos: *Senhor! Dai-nos sempre desse pão.*

Lado 1: *Oremos:*

Todos: *Ó Pai, ensinai-nos a escolher o que vos agrada, o que constrói e edifica a vida. Ensinai-nos a respeitar vossa presença em nós e nunca nos separarmos de vós.*

Partilha

Com as fotos do grupo, proporcionar um momento de interação, no qual cada um possa se apresentar e contar um pouco de sua história.

REFLEXÃO

Após a socialização das imagens e das histórias, o catequista reúne o grupo e esclarece a fase de crescimento e mudanças em que se encontram, ajudando-os a discernir entre os valores transitórios e os permanentes.

O *Estatuto da Criança e do Adolescente*[1] trata tanto a criança quanto o adolescente como seres em desenvolvimento. Esta concepção quer sublinhar que a vida está se fazendo, as convicções e os valores estão se formando. É bom pensar assim, porque confiamos na mudança, na transformação de seu modo de pensar e de se comportar.

O importante é traçar bem a direção, o rumo a ser tomado na própria vida. E, confiando neste princípio do *Estatuto*, há que promover o crescimento de todas as possibilidades do adolescente. Nos meios de comunicação veiculou-se, tempos atrás, um *slogan: todo dia, toda hora, cada vez melhor.* O princípio pode ser aplicado à vida cristã, para pôr em ação as diferentes potencialidades de cada um.

---

[1] Lei 8.069, de 13 de julho de 1990.

A *adolescência* é um período decisivo na constituição de uma pessoa, também considerada uma idade de transição: ao mesmo tempo não se é mais criança para fazer algumas coisas e tampouco se tem idade suficiente para realizar outras. Assim, em meio à necessidade de identificar-se com pessoas, profissões e trabalhos, o adolescente sente igual dose de rebeldia e relutância para contestar determinados modelos que lhe são oferecidos.

Nessa transição há lugar para o novo, o diferente, o imprevisível, isto é, para a aventura. Por isso, o jovem se arrisca e se afirma com um novo visual, seguramente mais ousado, mas expressão de uma geração que chega com uma contribuição original para a humanidade.

Nessa hora, o catequista poderá ajudar o jovem a perceber o velho e o novo, tão próximos e tão diferentes; contudo, a transitoriedade e a velocidade da sociedade moderna não poderão prescindir das raízes históricas e culturais de um povo. Há que traçar a linha de continuidade do processo histórico em permanente evolução.

Dizem os especialistas que antigamente uma revolução de costumes acontecia a cada cinquenta anos; hoje, se dá em menos de cinco anos. Decisivamente atravessamos uma mudança de época.[2] Surge uma nova concepção de tempo e de espaço, agora virtual, instantâneo e global. Dá-se o avanço de novas tecnologias, vive-se na era do descartável e da convivência com as mais notórias diferenças. O jovem, otimista em relação ao mundo, estabelece relações ecológicas (de simbiose) com o meio em que vive e vai se firmando com uma perspectiva confiante no futuro.

---

[2] Documento de Aparecida, n. 44: "Vivemos uma mudança de época, e seu nível mais profundo é o cultural. Dissolve-se a concepção integral do ser humano, sua relação com o mundo e com Deus".

Vivência

Num primeiro momento, organizar um painel no qual os catequizandos apresentarão, de modo comparativo, as características da infância e da adolescência.

Num segundo momento, o grupo se organiza em duplas para completar o quadro abaixo.

Como era	O que mudou
Energia a vapor	
Instrumentos mecânicos, eletrônicos	
Disco de vinil, gravadores com fitas	
Telefone, telegrama, telefax	
Estações regulares do tempo	
Amplos recursos naturais	
Moda de roupa masculina e feminina	

Formule questões para argumentar a compreensão sobre os temas e, depois, promova o debate. Questione o grupo sobre o que não muda: a justiça, a solidariedade, o bem comum, a honestidade, o respeito...

8º encontro

Musimensagem

Várias letras de músicas são dispostas pelo ambiente do encontro. Aos perseverantes também podem ser solicitadas a apresentação de músicas que mais gostem, trazendo-as escritas para entregar aos seus companheiros.

A apreciação espontânea do material é algo motivador à interação do grupo, favorecendo a troca de experiências e a confiança do grupo.

Ouvir atentamente a música com a letra nas mãos.

Lamento dos imperfeitos

Pe. Fábio de Melo. CD *Enredos do meu povo simples.*

Não sou perfeito
Estou ainda sendo feito
E por ter muito defeito
Vivo em constante construção
Sou raro efeito
Não sou causa e a respeito
Da raiz que me fez fruto
Desfruto a divina condição

Em noites de céu apagado
Desenho as estrelas no chão
Em noites de céu estrelado
Eu pego as estrelas com a mão
E quando a agonia cruza a estrada
Eu peço pra Deus me dar sua mão

Sou seresteiro
Sou poeta, eu sou romeiro
Com palavra, amor primeiro
Vou rabiscando o coração
Vou pela rua
Minha alma às vezes nua
De joelhos pede ao tempo
A ponta do seu cobertor

Vou pelo mundo
Cruzo estradas, num segundo
Mundo imenso, vasto e fundo
Todo alojado em meu olhar
Sou retirante
Sou ao rio semelhante
Se me barram, aprofundo
Depois vou buscar outro lugar

REFLEXÃO

Reler em silêncio a letra da música e aprofundar a compreensão da mensagem com a manifestação em voz alta de um verso que tenha tocado o coração.

Os quatro versos iniciais: "Não sou perfeito/ Estou ainda sendo feito/ E por ter muito defeito/ Vivo em constante construção" expressam com exatidão o objetivo deste livro: ajudar os jovens a se conscientizarem de que são seres em construção. Muitas vezes, eles se sentem plenos de vida e de energia, com rapidez de raciocínio suficiente para apontar muitas limitações em sua casa, na escola ou entre seus amigos; porém, são lentos em reconhecer os próprios erros, e mais ainda em superá-los.

Quais são as faltas mais frequentes nos jovens, hoje?

Na prática, o que significa: "Vivo em constante construção"? Do ponto de vista religioso, vivemos em estado de contínua conversão, ou seja, de mudança para melhor, pois sempre atua em nós a graça de Deus.

O autor se refere à causa e à raiz de sua condição humana. Somos filhos adotivos de Deus pelo nosso Batismo, esta é a nossa raiz, por isso participamos da natureza divina e somos frutos divinos. A força desta raiz nos encoraja a enfrentar a noite. Assim como algumas noites têm céu estrelado e outras apagado, na vida também nos deparamos com dias bons e dias difíceis. O importante é que nas horas mais difíceis, em que o sofrimento cruza a estrada da vida, "eu peço pra Deus me dar sua mão".

O poeta se sente como um ser a caminho, como o romeiro à procura da casa de Deus. Pede ao tempo que não lhe seja tão ingrato, que não lhe recuse ao menos "a ponta do seu cobertor", porque segue pela rua, sem amparo, sem abrigo, e percebe sua alma nua, desprovida de toda proteção.

As imagens do andarilho do mundo que segue adiante na sua estrada, ou do retirante sem parada, ou do rio sem retorno retomam a proposta dos primeiros versos, que revelam o ser humano em construção, ainda sendo feito, pois sua raiz divina o quer como um fruto sempre mais acabado.

Comente a dinâmica das imagens do rio, do romeiro, do retirante, do poeta e do seresteiro, da vida em movimento nas estradas do mundo. O que evocam essas imagens?

Como Deus protege o poeta que se sente desamparado?

Por que, ao encontrar obstáculos no caminho, ele mergulha em si mesmo e vai buscar outros mundos?

Ouvir novamente a música.

É momento de partilhar, de passar a mensagem adiante. As letras das canções que foram expostas no ambiente do encontro poderão ser distribuídas aos perseverantes, de modo que eles estabeleçam o compromisso de entregá-las a outras pessoas, compartilhando a vivência do grupo em mais um encontro.

A proposta do Reino

9º encontro

O primeiro ambiente será composto por imagens que demonstrem a criação de Deus, as ações de Jesus em relação ao povo, mensagens sobre paz, união, fraternidade..., orações, fotos de famílias, amigos, parques, festas... O segundo ambiente deverá ser organizado com imagens, reportagens de jornais e revistas que se refiram a acidentes, corrupção, insegurança, precariedade pública e ambições. Os adolescentes percorrem o primeiro espaço, leem, contemplam, sorriem, trocam experiências... ao que o catequista novamente os convida para deixarem seguir para o outro, no qual também há uma proposta.

ORAÇÃO

Leitor 1: *Deus nos deu inteligência para transformarmos a criação e levá-la à perfeição. As novas tecnologias são boas quando cooperam para o desenvolvimento da humanidade. Jesus nos ensina a transformar o mundo com justiça e solidariedade.*

Leitor 2: *Por isso sabemos que os bens materiais devem nos conduzir a Cristo e nunca nos escravizar. Eles são importantes para a gente viver, mas o Reino de Deus é maior e imprescindível, o Reino é condição de vida eterna.*

Leitor 1: *(Proclamar: Rm 14,17.)*

Grupo de pé.

Canto de aclamação

Buscai primeiro o Reino de Deus...

Leitor 1: *O Senhor esteja convosco!*

Todos: *Ele está no meio de nós.*

Leitor 2: *(Proclamar: Mc 1,14-15.)*

Leitor 3: *(Proclamar: Mt 25,31-46.)*

Todos: *Glória a vós, Senhor!*

Todos se persignam. No final da proclamação, o leitor beija o livro.

Partilha da Palavra

O Reino se manifesta em sinais concretos. Ele já começa aqui entre nós e se expande. Que sinais do Reino encontramos em nossa volta, em nossa comunidade? Os catequizandos podem responder em forma de mímica.

Leitor 2: *Vamos dar o abraço da paz, sinal da manifestação do Reino em nosso meio.*

Conclui-se com a oração do Pai-nosso.

REFLEXÃO

Já conversamos sobre aqueles valores que constroem o ser humano e o acompanham durante toda a história. Os valores que não passam, a gente não pode pegá-los com a mão nem tocar neles, mas sabemos que eles existem e são percebidos a partir das relações que estabelecemos. Por exemplo: a justiça, a fraternidade, a solidariedade...

Eles não mudam; o que muda é a forma como são vivenciados ao longo dos séculos. E quando eles estão ausentes da sociedade, todos sofremos muito. Sabemos da gravidade das consequências do desvio de uma verba pública, por exemplo, quando os jornais noticiam: as crianças de tal cidade não receberão merenda porque a prefeitura desviou o dinheiro... (na verdade esse dinheiro foi parar em algum lugar).

Por outro lado, os valores que não passam se tornam visíveis nas pessoas que os praticam. A gente vê logo, quando um colega é elemento de união, brinca, sabe interagir com o grupo, anima o colega a fazer as tarefas da casa e da escola. Coloca-se sempre disponível para colaborar no que for preciso. Não ridiculariza o outro, nem o diminui porque não anda na moda ou não esteja bem de vida. Um bom exercício será comentar sobre as pessoas com esse perfil em nossa comunidade; destacam-se pela bondade, trabalham voluntariamente para ajudar os outros, visitam e cuidam dos doentes ou de crianças...

Jesus identificou os valores que não passam com o Reino de Deus. Ao se fazer pessoa humana, Cristo inaugura o Reino de justiça, de fraternidade. Na oração do Pai-nosso, ele nos ensinou a dizer: Venha a nós o vosso Reino! Quando os fariseus lhe perguntaram: quando chegaria o Reino! Respondeu: *Está no meio de vós!* (Lc 17,20-21). Podemos perceber que o Reino se manifesta em nossa história, no tempo em que vivemos e se concretiza nas ações que realizamos.

Já os valores que passam nem sempre são expressão da chegada do Reino de Deus. Por si mesmos, são elementos de grande valor: o conforto, a rapidez e a segurança de grandes meios de transporte; a rede de comunicações que globalizou o mundo de tal forma que temos acesso direto ao que está acontecendo em qualquer parte do planeta... Mas fiquemos atentos, porque junto com tanta grandeza dispara a exclusão social em que populações inteiras não têm acesso a esses bens, nem mesmo às condições básicas para uma sobrevivência digna. Ali, onde as crianças sofrem sem escola de qualidade e reina o analfabetismo, em que se amontoam os aglomerados urbanos sem esgoto e impera a lei da violência das quadrilhas.

Faz falta, portanto, discernir entre as coisas boas que desfrutamos no mundo de hoje, a emergência do Reino de justiça e de solidariedade e também o porquê de tantas contradições que não estão de acordo com o Reino que Deus quer.

Veja bem, o Reino se manifesta em cada um de nós e vai tomando corpo, criando grandes dimensões. Cabe a cada um de nós fazer como São Paulo diz: *Examinai tudo e guardai o que for bom* (1Ts 5,21), e o nosso papel consiste em saber dispor dos avanços do mundo para construir relações mais humanitárias e dignas.

VIVÊNCIA

Antecipadamente, o catequista solicita para aqueles que dispõem de internet a pesquisa da história de uma Organização Não Governamental — ONG — cristã. Descreva o trabalho desenvolvido, a participação dos voluntários, a motivação que os leva a atuar. Apresente pelo menos umas três ONGs para o grupo. Recomendamos a leitura: FALOLA, Anne. *Ser voluntário*; um estilo de vida. São Paulo, Paulinas 2009.

Possivelmente, facilite a visita do grupo a uma ONG próxima. Compare o trabalho desenvolvido com as passagens do Evangelho e questione como essa prática social revela o Reino de Jesus Cristo.

Participação social juvenil

Atualmente no Brasil há uma série de novas formas de participação juvenil, entre as quais podemos destacar: a) a pertença a grupos (pastorais, movimentos eclesiais, novas comunidades, redes, ONGs e outras organizações juvenis) que atuam para transformar o espaço local, nos bairros, nas favelas e periferias; b) a participação em grupos que trabalham nos espaços de cultura e lazer: grafiteiros, conjuntos musicais, de dança e de teatro de diferentes estilos, associações esportivas; c) mobilizações em torno de uma causa e/ou campanha: grupos ecológicos, comitês da Campanha contra a Fome, ações contra a violência e pela paz, grupos por outra globalização etc.; d) grupos reunidos em torno de identidades específicas: mulheres, negros, indígenas, pessoas com deficiência (CNBB. *Evangelização da juventude*; desafios e perspectivas pastorais. São Paulo, Paulinas, 2007, n. 38. Documentos da CNBB, n. 85).

Enquanto o grupo realiza a vivência com a apresentação dos trabalhos sociais desenvolvidos pelas ONGs, o catequista retorna aos ambientes visitados pelo grupo e une os materiais expostos num único espaço, misturando-os. Finalizada a troca de ideias, os perseverantes são convidados a retornarem aos ambientes visitados, reconhecendo o quanto a proposta do Reino de Deus torna-se um grande desafio a ser assumido. Reconhecido e assumido em meio a tudo que acontece diariamente a partir da fé que nos une e na qual professamos. Reza-se o Creio.

10º encontro

Brotar e crescer[1]

EM CASA

Plante um grão de feijão num pequeno recipiente, o qual pode conter um pedaço de algodão ou um pouco de terra.

Aproveite para contemplar o crescimento do broto, dia após dia...

A partir de suas observações do novo broto e da leitura atenta de Jo 12,24-26, *responda por escrito* cada uma das seguintes questões. Lembre-se de que não há resposta certa, nem resposta errada. O que se pretende é o amadurecimento da fé para uma vida plena da presença de Deus.

Observando o broto de feijão

- Com quantos dias após o plantio da semente surgiu o broto do feijão?

- Como ficou o feijão após o crescimento do broto? Ele está preso ao broto ou caiu por terra?

- Junto ao broto, o feijão está como uma "semente morta" ou como uma "semente viva"?

- Como esta semente pôde ter gerado um novo broto?

---

[1] Agradeço a colaboração de Maria Rejane Mendonça e Peterson Mendonça Rodrigues pela autoria desta catequese.

Observando a mim mesmo

- O que existe em mim e que não gosto?

- O que devo fazer com tudo isso que não gosto?

- O que existe em mim e que gosto muito?

- O que devo fazer com tudo isso que gosto muito?

No grupo

Oração

- Ter sementes próximas ao livro da Bíblia.

- Colocar-se em clima de silêncio por algum tempo.

- Cantar um mantra, por exemplo: *Ó luz do Senhor que vem sobre a terra...*, invocar o Espírito Santo.

- Proclamar calmamente Jo 12,24-26 — *Se o grão de trigo que cai na terra... morre, produz muito fruto.*

- Reforçar, no grupo, a compreensão do texto. Ampliar a partilha com a:

Reflexão

A morte não é extinção, mas sim passagem e transformação. Para ser adolescente, é preciso deixar de ser criança. Sempre é tempo de devolver a Deus tudo o que tenho e o que sou, tudo aquilo que gosto e o que não gosto também. Devolvo a Deus porque tudo é dele e quero ser todo dele também. Em Deus posso deixar morrer os velhos hábitos para passar a uma nova condição de vida, pois somente sua graça pode me transformar.

Essa experiência de transformação foi exemplificada pelo plantio da semente de feijão, que se "transformou" em broto vivo a partir do momento em que "morreu" como grão de semente. Mas eu preciso morrer para os velhos modos para ser transformado(a), sempre oferecendo a Deus tudo o que tenho e sou, na esperança de ser transformado(a) por ele. É preciso que eu faça minha revisão de vida, para que eu reconheça os fatos que precisam ser corrigidos, pedindo a Deus o perdão pelas minhas falhas e sua força em minha caminhada. Não pretendo ser perfeito, mas quero muito ser bom (boa) e amar de verdade. Quero ser santo(a), como o Pai mesmo me convida (cf. Mt 5,48)!

Estes são passos para minhas pequenas conversões diárias. E assim, aos poucos, irei me configurando à imagem de Jesus, que sempre procurou "ouvir" o Pai através de momentos particulares de oração (diálogo) e fazer a sua vontade. A vontade de Deus também é a minha vontade, mas nem sempre a minha vontade é a de Deus. Por isso é preciso que eu saiba ouvi-lo através da oração, para assim fazer a vontade do Pai com alegria no coração. É assim que Jesus me convida à vida plena em seu amor.

Oração de entrega a Deus

Tomai, Senhor, e recebei
Toda a minha liberdade, a minha memória também.
O meu entendimento e toda a minha vontade
Tudo o que tenho e possuo, vós me destes com amor.
Todos os dons que me destes, com gratidão vos devolvo
Disponde deles, Senhor, segundo a vossa vontade.
Dai-me, somente, o vosso amor, vossa graça
Isto me basta, nada mais quero pedir.
Amém!

(Santo Inácio de Loyola)

Vivência

A partir desse diálogo (oração) com Deus, responda por escrito: O que quero ofertar a Deus, para que nasça em mim uma nova pessoa?

Partilhe sua experiência com seus pais e os convide a ler e rezar Jo 12,24-26 junto com você.

11º encontro

A Penitência

ORAÇÃO

Comentarista: *O Senhor compara o Povo de Deus a uma figueira. Somos partes dela. Tais como as árvores frutíferas, vamos dar frutos de boas obras.*

Leitor 1: *(Proclamar: Lc 13,6-9 – A figueira estéril.)*

Comentarista: *Há quanto tempo o dono vem buscar figos e não encontra? A atitude do dono de querer cortar a figueira é justificável? O que entende por: "Vou cavar em volta e pôr adubo. Pode ser que venha a dar fruto. Se não der, então a cortarás" (v. 9).*

Leitor 2: *Ó Deus, que nos chamais das trevas à luz, da mentira à verdade, e da morte à vida, derramai em nós o vosso Espírito Santo para que abra nossos ouvidos e fortaleça nossos corações, a fim de podermos compreender nossa vocação, e caminhar corajosamente para uma verdadeira vida cristã. Por Cristo, nosso Senhor.*

Todos: *Amém.*

Todos: *Pai nosso...*

REFLEXÃO

Estabeleça um diálogo motivador sobre o pecado, como sinônimo de morte, e a vida que se expressa na bondade, no amor e em Deus. Destaque os elementos que expressam a vida e a morte hoje na sociedade. Comece a indagar sobre os efeitos destruidores no mundo, mas também sobre as ações de solidariedade e união na sociedade. Depois, coloque em discussão os efeitos do bem e do mal que estão internalizados em cada um de nós.

Diariamente fazemos a experiência da luz e das trevas, da coragem e da covardia, da gratuidade e do puro interesse. A maldade parece tomar proporções gigantescas, e não podemos fechar os olhos diante dos políticos que, para aumentar suas fazendas, desviam verbas da merenda escolar, deixam hospitais desequipados etc. A força do mal na sociedade está ligada, entre outras coisas, ao indiferentismo dos cidadãos e aos meios de comunicação que não educam suficientemente o povo.

É triste ver a floresta amazônica desmatada; a degradação do meio ambiente com rios poluídos, lixo não reciclado e favelas; a violência urbana coordenada pelo crime organizado ou mesmo a riqueza produzida pelo narcotráfico. Sem contar ainda o analfabetismo, aliado aos baixos índices de rendimento dos alunos de nossas escolas.

Os contrastes da sociedade desafiam nossa capacidade de mobilização, nosso interesse pelo outro e nossa força de solidariedade. Sentimos em nosso peito a grande contradição, fomos feitos para amar sem medidas como Jesus nos amou e, no entanto, nossa resposta é tão pequenina e medíocre...

A Bíblia sempre nos aponta dois caminhos (cf. Sl 1): o que nos leva à vida e aquele que conduz à morte. Jesus contrapõe o Reino ao mundo. O primeiro é o caminho da porta estreita, lugar de justiça, de paz, de solidariedade e também de perseguição daqueles que lutam por esses valores. O segundo, o mundo, tem um caminho largo que conduz à perdição, favorece a superficialidade das relações, rege-se segundo a lei do interesse, do querer levar vantagem em tudo, enfim, é o lugar das aparências.

O batizado deverá sempre optar entre um e outro ao longo de sua vida. O seguimento do Mestre requer um posicionamento decidido do cristão. Jesus solicita uma resposta livre do discípulo, firmada por uma adesão convicta de quem respeita o outro, crê na força do bem, se empenha para construir relações sem preconceitos ou discriminações.

A esse posicionamento radical do cristão podemos chamar de "opção fundamental". Trata-se da atitude permanente de quem tem uma visão da vida e do mundo guiada unicamente para o bem. Totalmente diferente será aquele que ignora o Evangelho e vive um consumismo selvagem, cuja alegria é comprar, adquirir a última moda ou só está preocupado em curtir a vida.

Jesus e os pecadores

O pecado degrada o ser humano e destrói a semelhança da criatura com o Criador. Cristo é a imagem perfeita do Pai. Sua missão neste mundo reconcilia o ser humano com o Pai, vence a maldade do pecado com seu sangue derramado na cruz. A pessoa de Jesus constitui o lugar do encontro da misericórdia, do perdão e da justificação de todo ser humano. Em Jesus Cristo reencontramos nossa semelhança com o Pai. Em vez da ganância e da violência, entendemos que o ser humano se dignifica como pessoa quando adquire capacidade de superar o mal com o bem, de perdoar, de lutar não só pelo bem próprio, mas de construir a comunidade, de ser cidadão em sua vida social.

"O Filho de Deus, feito homem, habitou entre os homens para livrá-los da servidão do pecado e chamá-los das trevas à sua luz admirável [...]. Jesus não só exortou os homens à Penitência, a fim de que deixassem os pecados e de todo o coração se convertessem ao Senhor, mas também, acolhendo os pecadores, reconciliou-os com o Pai. Além disso, curou os enfermos para manifestar seu poder de perdoar pecados. Finalmente, morreu por nossos pecados e ressuscitou para nossa justificação" (CNBB, *Ritual da Penitência*, n. 1).

Jesus nos recomendou a permanente atitude de vigilância para não cairmos em tentação. E o alegre anúncio da chegada do Reino, inaugurado em sua pessoa, inclui primeiramente a conversão. *Completou-se o tempo, e o Reino de Deus está próximo. Convertei-vos e crede na Boa-Nova* (Mc 1,15).

Tanto a celebração individual quanto a comunitária da Penitência incluem, primeiramente, a celebração da Palavra, pela qual Deus chama à Penitência e conduz à verdadeira conversão interior.

Somos convertidos pela Palavra; é ela que nos julga, como uma espada de dois gumes (cf. Hb 4,12).

Vivência

Dialogue sobre a necessidade e a pertinência da confissão individual. Ressalte a contínua atitude de conversão que cada cristão deve manter.

A conversão é um elemento central da vida cristã. A expressão eclesial mais excelente da conversão cristã é o sacramento da Reconciliação. Ele mostra, com grande realismo, a frágil condição humana necessitada da misericórdia do Pai e da salvação em Cristo. A força do Espírito comunica a graça do perdão e nos orienta a prosseguir rumo ao mistério de Cristo.

Todas as vezes que celebramos o perdão de Deus no sacramento da Penitência, recobramos a graça batismal perdida pelo pecado, participamos de sua Páscoa e somos reconciliados com Deus e com a Igreja.

Precisamos assumir com realismo e coragem o projeto de Jesus de que *se completou o tempo, e o Reino de Deus está próximo. Convertei-vos e crede na Boa-Nova* (Mc 1,15). Optar pelo Reino significa assumir o projeto de Jesus em todas as nossas ações. É uma atitude fundamental de vida. Mas, como temos consciência de nossas imperfeições e omissões, outra atitude fundamental que nos acompanha é a conversão.

Vamos assumir o costume de sermos os primeiros a pedir desculpas ou perdão de nossos erros e falhas; sermos compreensivos com os erros alheios, pois *com a mesma medida com que medirdes sereis medidos* (Lc 6,38). Vamos alargar nossa consciência ética do bem comum e, em nossas relações, jamais admitir o favoritismo, gestos de corrupção ou votar em políticos que andam por esses caminhos.

Outro ponto importante de vivência cristã nos leva a valorizar o outro, nunca como objeto de prazer. Precisamos estabelecer relações consequentes, que nos responsabilizem pelo outro e nos levem a crescer no amor, na entrega, no carinho e no respeito.

Exercício de memorização

Vamos refletir sobre as atitudes de Jesus com os pecadores. Devemos saber de cor (de coração) as passagens evangélicas da misericórdia de Jesus. O grupo se exercita para memorizar cada uma delas.

Lc 15,11-32   O pai misericordioso (ou o filho pródigo).

Lc 15,1-10   A ovelha perdida.

Mt 18,21-35   O perdão sem limites.

Mt 9,9-13   O chamado que Jesus faz a Mateus, o publicano, considerado pecador público.

Lc 19,1-10   A ida de Jesus à casa de Zaqueu.

Lc 7,36-50   A pecadora arrependida.

Jo 8,1-11   A mulher adúltera.

Mt 25,31-46   O juízo final.

12º encontro

Celebração da Penitência

Catequistas, pais ou responsáveis e perseverantes se reúnem e se colocam em silêncio durante algum tempo antes da celebração. Possivelmente haja a presença do sacerdote para ouvir as confissões.

Comentarista: *Em sua vida, o cristão sempre se coloca em atitude de conversão e Penitência, porque reconhece em si sua fraqueza e suas limitações. Podemos sempre nos aperfeiçoar e nos doar mais. Converter-se significa querer viver de acordo com o Evangelho de Jesus Cristo para a gente ser mais feliz. Muitas vezes, nos preocupamos tanto conosco mesmos que nem temos tempo para nos dedicar ao próximo. É hora de a gente abrir mais espaços em nossa vida para acolher a Boa-Nova da salvação e nos examinarmos diante da Palavra.*

Presidente: *Em nome do Pai...*

A graça de nosso Senhor Jesus Cristo...

Deus, pela Penitência, nos abre um caminho novo, conduzindo-nos cada vez mais à plena liberdade de filhos e filhas de Deus. Queremos nos parecer sempre mais com Jesus Cristo. Se não podemos parecer fisicamente, podemos, sim, ter um coração muito próximo dele com os mesmos sentimentos de Cristo que primeiramente nos ensinou a amar e a perdoar.

Possivelmente cantado

Senhor, tende piedade de nós.

Senhor, tende piedade de nós.

Cristo, tende piedade de nós.

Cristo, tende piedade de nós.

Senhor, tende piedade de nós.

Senhor, tende piedade de nós.

Presidente: *Oremos:*

Ó Deus, que nos chamais das trevas à luz, da mentira à verdade e da morte à vida, derramai em nós o vosso Espírito Santo para que abra nossos ouvidos e fortaleça nossos corações, a fim de podermos compreender nossa vocação e caminhar corajosamente para uma verdadeira vida cristã. Por Cristo, nosso Senhor.

CANTO DE ACLAMAÇÃO AO EVANGELHO

Quem preside proclama Mt 25,14-30.

PARTILHA DA PALAVRA

Quem preside retoma o texto com o grupo e repete alguns versículos para fixar bem a mensagem. É importante relacionar a perícope com o projeto de vida que o adolescente é convidado a formular para si e no contexto familiar.

O talento era um peso-moeda, feito de metais preciosos e usado na antiguidade grega e romana. Equivalia a 49 gramas de ouro. Podemos imaginar como era precioso um talento de ouro! Entretanto, no decorrer dos tempos, talento passou a indicar genericamente dom natural, inteligência excepcional, dotes especiais... O Evangelho quer nos mostrar que todos recebemos numerosos talentos de Deus: a vida, a saúde, a inteligência, a educação, a fé, o Batismo, a amizade com Deus...

E a primeira atitude a ser tomada perante esses talentos-dons deve ser a de acolhida agradecida e prática. Nunca esqueçamos que na raiz e na fonte primeira está sempre o dom de Deus. Mais que desenvolver os próprios dons, Jesus lança o apelo para reconhecermos e aceitarmos o dom da salvação, abrindo de par em par o nosso coração. Os dons que Deus nos concedeu precisam crescer e frutificar para o bem de todos.

Não importa se recebemos cinco, dois ou um talento apenas. O que importa é que não os guardemos só para nós. Na verdade as graças com as quais o Pai nos presenteou não são apenas nossas; pertencem à comunidade, pois nossas energias, nossos talentos devem estar a serviço dos irmãos. Quando o patrão voltar, não podemos estar com as mãos vazias, com o talento enterrado. Devemos apresentar a Deus um mundo renovado, justo, fraterno, um mundo onde haja espaço para todos, onde não haja excluídos. Um mundo conforme à sua vontade, construído com o empenho de todos. A comunidade não cresce e definha aos poucos, quando os seus membros não colocam em comum as potencialidades que possuem.

EXAME DE CONSCIÊNCIA

Podemos nos perguntar: que talentos Deus me concedeu na formação de minha família, na convivência escolar, na amizade com os colegas... Reconheço os dons que me foram oferecidos. Qual é o maior dom que Deus nos concedeu? Qual a semelhança de atitudes entre aquele que recebeu um talento e o jovem rico da parábola de Mt 19,16-26.

Neste momento, é recomendável que os fiéis façam a confissão individual (auricular).

ATO PENITENCIAL

Todos: *Confesso a Deus todo-poderoso...*

Presidente: *Senhor Deus, vós conheceis todas as coisas. Conheceis também nossa vontade sincera de servir melhor a vós e a nossos* *irmãos e irmãs. Voltai para nós os vossos olhos e atendei as nossas súplicas.*

Leitor: *Dai-nos, ó Deus, a graça de uma verdadeira conversão.*

Todos: *Ouvi-nos, Senhor.*

Leitor: *Despertai em nós o espírito de penitência e confirmai o nosso propósito.*

Leitor: *Perdoai nossos pecados e compadecei-vos de nossas fraquezas.*

Leitor: *Fazei-nos confiantes e generosos.*

Leitor: *Tornai-nos fiéis discípulos do vosso Filho, e membros vivos de vossa Igreja.*

Presidente: *Deus, que não quereis a morte do pecador, mas que ele se converta e viva, recebei com bondade a confissão de nossos pecados e sejais misericordiosos para conosco que recorremos a vós como vosso Filho nos ensinou:*

Todos: *Pai nosso...*

BÊNÇÃO E CANTO FINAL

Unidade III
Ser de relação

13º encontro

Meu corpo

O encontro se dará em dois momentos. O primeiro, com todo o grupo e o segundo com um grupo de meninos e um grupo de meninas em salas/ambientes separados. Cadeiras são utilizadas para acomodação dos participantes em ambos os espaços. Haverá uma caixa para cada grupo na qual serão depositadas algumas perguntas. Será entregue papel para cada participante para registrar algumas questões que instigam a curiosidade e a dúvida sobre o tema, depositando sua questão/comentário na caixa.

ORAÇÃO

Rezar o Ofício Divino do anexo com o Sl 139(138) — *Senhor, tu me conheces*, e proclamar: Rm 12,1-5 — Eu vos exorto a oferecerdes vossos corpos como verdadeiro culto.

Partilha da Palavra

Por meio de nosso corpo realizamos as obras que podem agradar a Deus. Nosso corpo existe para amar.

Pelo Batismo, fomos incorporados em Cristo, *Embora muitos, somos em Cristo um só corpo e, cada um de nós, membros uns dos outros* (v. 5). Por isso, oferecemos nossos corpos unidos ao sacrifício de Cristo, como doação de trabalho, dedicação e amor em favor dos outros. Para chegarmos a este ponto, deveremos renovar nossa maneira de pensar e julgar para não estar em conformidade ao egoísmo do mundo, e nos direcionarmos segundo a vontade de Deus. Como podemos agradar a Deus com nosso corpo?

REFLEXÃO

Em vista de ajudar o jovem a descobrir o valor do seu corpo e a respeitá-lo como obra de Deus, todo o grupo é motivado a refletir:

A sociedade atual valoriza muito o corpo saudável e bonito. Passar pelas ruas e ver as pessoas "malhando" nas academias tornou-se uma cena comum. Frequentemente, confundimos saúde com beleza estética. Mas nem sempre as duas coisas coincidem. A primeira é mais valiosa e requer esforço e persistência, pois, para conservá-la, os médicos têm recomendado a prática de exercícios físicos e uma alimentação com base em verduras, frutas, carnes magras, e também a ingestão de muita água.

A beleza estética é conseguida muito rapidamente e produz efeitos logo à primeira vista, e isso, muitas vezes, à custa de muito dinheiro, mas sem se preocupar realmente com a saúde. O que dizer de um jovem que injeta "bombas" vitamínicas para ficar aparentemente musculoso, mas que causa um prejuízo irreparável ao seu fígado? Pior ainda, que pensar dos danos no corpo desencadeados pelo fumo e pela dependência química? O que significa ter um corpo bonito? O que implica sermos um corpo?

A exaltação do corpo não pode se reduzir somente à beleza. Não somos responsáveis por sermos feios ou bonitos! Não é justo exigirmos isso de nós! Menos ainda, classificarmos as pessoas segundo um padrão de beleza, na maioria das vezes, ditado pela "mídia".

Somos um corpo com inteligência, vontade, sentimentos, afetos, atração... Não é só a aparência que conta: alto ou baixo, branco, negro ou índio... Sobretudo, nosso corpo pode transcender e elevar-se até Deus, porque fomos criados à sua imagem e semelhança (cf. Gn 1,26).

O nosso corpo deve refletir o nosso interior, pois ele é realmente uma bela obra de Deus, e tem necessidade de uma alma igualmente sadia que nos mostre sua grandeza. O corpo e a alma formam uma unidade, a ponto de afirmarmos que não mais temos um corpo, mas somos um corpo. E é nesse sentido que a

Bíblia diz que o corpo é a casa, o templo do Espírito Santo (cf. 1Cor 6,19).

Às vezes, ouvimos uma jovem comentar: "Aquele garoto é tão bonito, mas é vazio, não tem um bom papo...". Dá para perceber que o critério do corpo bonito não define toda a preferência, o critério da beleza não é o único importante. Lemos no Evangelho: *E Jesus ia crescendo em sabedoria, tamanho e graça diante de Deus e dos homens* (Lc 2,52). Entendemos que o Filho de Deus desenvolvia harmoniosamente todas as dimensões que formam a pessoa.

Não basta crescer em tamanho, ficar forte e robusto. O crescimento acontece com base em um conjunto de fatores e implica o desenvolvimento da inteligência pelo estudo sério e a abertura de coração, que nos faz amar e ajudar as pessoas, assim como Cristo, que por primeiro nos amou.

Nessa fase acontecem transformações que revolucionam todo o organismo do adolescente. Diz o médico Paulo Miller: "Sua fisiologia hormonal fica alterada, todo o seu ser é influenciado pelas mudanças físicas, mentais e psicológicas, além das comportamentais. Há uma compreensão diferenciada do mundo em que vive e do modo como vai se inserir nesse complexo contexto social".[1]

A adolescência, assim como a infância, é a fase das grandes descobertas, agora muito mais evoluídas. Mas a primeira grande descoberta que o adolescente faz na passagem da infância para adolescência é a do seu próprio corpo. É a consciência de que é menina ou rapaz. O corpo lhe faz alguns pedidos estranhos. Acostumar-se com o próprio corpo é um pouco complicado e ao mesmo tempo bonito. A menina descobre isso de uma forma, o rapaz, de outra. É uma descoberta necessária e encantadora.[2]

---

[1] MILLER, Paulo. *O adolescente, uma joia de Deus.* São Paulo, Paulinas, 2008. pp. 13-14.

[2] PE. ZEZINHO. *Adolescentes em busca de si mesmos*; subsídios para pais e filhos à procura de uma linguagem. São Paulo, Paulinas, 2007. v. 3, p. 61.

VIVÊNCIA

Pedir aos jovens que apresentem exemplos, veiculados nos meios de comunicação, de pessoas que cuidam de seu corpo ou de exageros que geram doenças e puro exibicionismo.

Ajudar os meninos e as meninas a conhecerem a fisiologia do corpo masculino e feminino. Convidar um profissional da área da saúde para esclarecer dúvidas, particularmente sobre a reprodução humana, cuidados higiênicos com as partes íntimas do corpo.

Queimando a vida

"Estatísticas recentes demonstram uma tendência assustadoramente crescente de uso de bebidas alcoólicas entre os adolescentes, inclusive entre as meninas. Cada vez bebe-se mais e mais cedo. Atualmente, há uma 'glamourização' do consumo de bebidas alcoólicas, com as propagandas associando-as geralmente à alegria e à felicidade, à aproximação entre moças e rapazes com aspecto sadio e bonito."[3]

"Cerca de 5 milhões de pessoas morrem, por ano, vítimas de doenças provocadas pelo consumo de cigarro. Estima-se que em 2020 este número atingirá a marca de 8,4 milhões. Segundo dados da OMS (Organização Mundial da Saúde), o número de fumantes jovens vem crescendo em todo o mundo [...]. Na Europa, 33,9% dos adolescentes e 29% das adolescentes fumam. Nos EUA, os índices são de 15,6% e 2,2% respectivamente.

É irônico, mas verdadeiro: o cigarro é o único produto que, quando apropriadamente usado, mata seu consumidor. A nossa opção tem de ser pela vida, nunca pela morte! Portanto, diga não ao cigarro!"[4]

"Mais de 80% dos casos de bronquite crônica e enfisema pulmonar relacionam-se ao tabagismo. Ele também é causador de 90% das neoplasias pulmonares e responsável por cerca de 25 a 30% de todos os tipos de câncer, em especial os que atingem a boca, a laringe, o tubo digestivo, a bexiga, os rins, o pâncreas e as mamas. Além disso, o fumo

---

[3] MILLER, Paulo. *O adolescente, uma joia de Deus*. São Paulo, Paulinas, 2008. p. 66.

[4] PESSINI, Leo; BERTACHINI, Luciana. *Cuidar do ser humano*; ciência, ternura e ética. São Paulo, Paulinas/Centro Universitário São Camilo, 2009. p. 36.

é importante fator de risco de doença aterosclerótica, respondendo por 40% das doenças coronarianas, 25% das afecções cerebrovasculares e o principal fator desencadeante de doença arterial periférica.

Parar de fumar é, sem dúvida, o melhor presente que alguém pode dar a si mesmo em termos de qualidade de vida e saúde. O pulmão imediatamente agradece e, a longo prazo, ocorre também a redução da progressão de aterosclerose e de neoplasias."[5]

Neste momento os grupos serão separados. As meninas se dirigirão para outro espaço levando consigo a caixa de questões. O mesmo farão os meninos. Por serem dois grupos, afirmamos a importância do acompanhamento de ambos por adultos previamente convidados para ouvir e conversar com os adolescentes, esclarecer suas dúvidas, trocar ideias, orientá-los. É importante que sejam pessoas da própria comunidade e que se demonstrem responsáveis e acolhedoras. Não devemos objetivar a imposição de valores, e sim a construção de uma mentalidade e de ações seguras, que protejam a vida em vista do bem comum.

Preces espontâneas coroam a experiência dos presentes neste encontro.

---

[5] Ibid., p. 37.

14º encontro

Sexualidade

ORAÇÃO

Iniciar com o Ofício Divino e rezar o Sl 139(138). Proclamar: 1Jo 2,14c-17 — Eu vos escrevi, jovens: sois fortes...

Partilha

O evangelista e apóstolo João conhece duas ordens que se confrontam entre si: o mundo sob o domínio do mal e o Reino instaurado por Jesus Cristo. A primeira ordem é passageira e segue a lei do pecado, identificado como *concupiscência*, desejo desmedido dos prazeres do sexo ou da ostentação da riqueza, sem considerar o bem dos outros.

O apóstolo nos exorta a fazer o discernimento entre ambas e seguirmos a vontade do Pai, que é Pai amoroso e nos envia seu Filho para nos salvar.

Ao refletirmos sobre a sexualidade, focalizamos nossa capacidade de nos relacionar bem com as pessoas, evitando o egoísmo de querer olhar apenas as nossas necessidades e interesses. A Palavra nos convida a amar servindo os demais, a construir relações que promovam o bem do outro. Nosso corpo e nossos afetos existem para amar e doar-se.

REFLEXÃO

Perceber a sexualidade como um amplo dinamismo que implica a realização de toda a pessoa. Não reduzi-la unicamente ao sexo como mero prazer momentâneo e sem doação responsável de si ao outro. Alertar para os riscos da prática sexual nesta idade.

Necessariamente, estas reflexões deverão ser aprofundadas com os pais e responsáveis para que haja convergência de objetivos e de consciência sobre o assunto.

A sexualidade humana é uma energia que nos envolve dos pés à cabeça. Expressa-se em nossa condição de sermos homem ou mulher. Ela diz respeito ao conjunto de toda a nossa personalidade: comportamento social, atitudes morais, valores éticos, religiosos, políticos. A sexualidade é componente fundamental da personalidade humana. É um modo de ser, de manifestar, de se comunicar, de sentir, de expressar e de viver o amor. A sexualidade é um instinto comunicativo, fonte de sociabilidade.

O desenvolvimento de uma sexualidade sadia depende muito das primeiras descobertas da adolescência. A sexualidade humana iluminada pelo Evangelho ensina-nos a nos apaixonar por alguém, a assumir uma vida a dois pelo casamento, a construir uma família, a alimentar sonhos e desejos, a entregar a vida pelo Reino na vida consagrada...

Com a descoberta da sexualidade, é preciso desenvolver sentimentos profundos de afeto, compreensão, ternura. Tais sentimentos se transformam pouco a pouco em atitudes próprias de solidariedade pelos que sofrem, na capacidade de renúncia e na doação da vida a serviço dos irmãos.

Para a menina, a descoberta da vida que há dentro dela e a realidade daquele óvulo que começa a exigir a devida atenção da sua parte são um passo a mais na busca de si mesma. O aumento da consciência de si como mulher começa com a primeira menstruação. Por mais incômodo que isso possa parecer, e às vezes é, sobretudo nessa idade, não deixa de ser um processo maravilhoso, pois é um aviso de que ela está pronta para procriar. Faltam ainda as condições mentais e espirituais, mas é o sinal de que ela deixou de ser menina.[1]

O sexo faz parte da sexualidade, refere-se à relação entre duas pessoas por meio dos órgãos genitais buscando reciprocamente o prazer e também gerar filhos. Literalmente, não podemos reduzir a capacidade de amar à capacidade de fazer sexo. A Igreja compreende o adolescente em sua integridade físico-corporal e espiritual em processo de constante amadurecimento de todas as suas potencialidades. Vê o sexo como parte integrante do conjunto da pessoa toda.

Muitas vezes, é comum tratarmos sobre o sexo como algo existente por si e desintegrado da pessoa. "A sexualidade, quando é degradada à condição de sexo sem amor, com a finalidade de satisfazer impulsos e instintos, é fundamentalmente pervertida. Não cria uma relação pessoal."[2] Ao focalizamos somente a capacidade sexual de um rapaz ou de uma moça, fazemos dele(a) um objeto. Há inúmeros exemplos: "mulher melancia", "dança da garrafa", a pornografia. "A sexualidade não pode ser reduzida a simples genitalidade, nem tampouco só à função procriadora, pois ela é muito mais: é comunicação entre homens e mulheres que respondem ao projeto de Deus."[3]

Homossexualidade

É a atração pela pessoa do mesmo sexo. Alguns chegam a afirmar que até 10% da população tem esse tipo de orientação sexual, o que constitui um número muito expressivo. Os especialistas divergem com relação a esse assunto, pois "sua gênese psíquica continua amplamente inexplicada".[4] Enquanto alguns afirmam que já se nasce com essa orientação, outros dizem que tal comportamento se deve a algum desvio na educação, por

---

[1] PE. ZEZINHO, *Adolescentes em busca de si mesmos*, cit., pp. 111-112.

[2] BENTO, Luiz Antonio. Educar para o amor. In: *Diálogo. Revista de ensino religioso.*São Paulo, Paulinas, 12 (agosto 2007) n. 47, pp. 14-18, p. 18.

[3] Ibid.

[4] Catecismo da Igreja Católica, n. 2357.

exemplo: ausência paterna, rigidez materna, experiências ou abusos sexuais na infância. Hoje, tornou-se um fato lidar com pessoas com essa orientação de vida.

A Igreja reconhece essa situação e distingue aqueles(as) que manifestam apenas uma tendência e sentimentos daqueles(as) que se vão definindo e se estruturando de maneira mais definitiva nesse comportamento. Porém, considera os atos de homossexualidade intrinsecamente desordenados, pois são contrários à lei natural e fecham o ato sexual ao dom da vida.[5] Por isso, não aprova a prática de atos sexuais dessa natureza.

Pede que acolhamos os homossexuais em nosso meio, sem nenhuma discriminação ou preconceito. "Estas pessoas são chamadas a realizar a vontade de Deus em sua vida e, se forem cristãs, a unir ao sacrifício da cruz do Senhor as dificuldades que podem encontrar por causa de sua condição."[6]

É bom deixar claro que o homossexual, antes de tudo, é um ser humano completo que se destaca igualmente nas outras dimensões do seu ser. Existem homossexuais que se sobressaem nas áreas do saber, das artes e em todos os demais campos profissionais. A homossexualidade é um sentimento, uma expressão de si e, portanto, não deve ser classificada ou confundida com patologias condenáveis, como, por exemplo, a pedofilia, o abuso sexual... São coisas muito diferentes. Também não devemos associar a pessoa homossexual, digna de todo o respeito e consideração, com alguns estereótipos comumente usados e que facilmente criam estigmas, ridicularizam, mostrando-as como pessoas afetadas.

Se um(a) jovem manifesta inquietações dessa natureza, é recomendável que se aconselhe com pessoas esclarecidas, busque o diálogo com a família e com o pároco. Como é uma situação que costuma criar muitas incompreensões, torna-se mais um motivo para ser uma pessoa de fé e de luta e buscar apoio na comunidade, na oração e na leitura da Palavra.

---

[5] Cf. ibid.

[6] Ibid., n. 2358.

Gravidez precoce

As estatísticas brasileiras apontam um alto número de jovens que já são mães e pais. A mesma sociedade que estimula uma prática liberal do sexo com aparente normalidade será aquela que desconhecerá a difícil situação de criar, assistir e educar uma criança com tudo o que demanda o seu desenvolvimento.

> Com a primeira menstruação ou a primeira polução ou ereção, vem o aviso de que aquele casal de adolescentes já tem poder de procriar. Coisas que infelizmente aconteceram ao longo da história e acontecem todo dia. Adolescentes se acham suficientemente maduros e se engajam em atos sexuais às vezes destituídos de diálogo ou de afeto e descobrem depois que não estavam espiritualmente aptos para assumir as consequências daqueles encontros. Nasce, então, uma criança de um espermatozoide e um óvulo de duas outras crianças.[7]

Também é comum acompanharmos campanhas governamentais insistindo fortemente no largo uso do preservativo masculino, como se todo o problema se reduzisse à dimensão de não transmitir doenças ou evitar a concepção. Enfim, tudo se soluciona apenas com o uso do preservativo.

No entanto, na educação do jovem adolescente, permanece o maior desafio da família: *ajudá-la(o) a crescer na responsabilidade de assumir os seus atos*. A tarefa não é fácil, porque, nessa idade, o adolescente tem acesso a um número muito grande de informações, porém, lhe falta o discernimento para pesar e medir as consequências de suas decisões, que, nesse caso, se estenderão por toda a sua vida.

A paternidade/maternidade responsável suscita outras responsabilidades que conduzem a esta: a aquisição de uma profissão, um trabalho estável, o difícil amadurecimento do namoro e a decisão de abraçar um projeto de vida com a(o) companheira(o), os exames pré-natais que incidem na saúde da mãe e da criança, o acompanhamento da educação da criança...

---

[7] PE. ZEZINHO, *Adolescentes em busca de si mesmos*, cit., pp. 112–113.

VIVÊNCIA

Promover o diálogo com o grupo é o melhor caminho para confrontar os vários pontos de vista e perceber as coisas de maneira diferente daquela aceita pela maioria das pessoas. Conversar sobre acontecimentos e experiências conhecidas no bairro ou na comunidade ajudará o grupo a questionar a realidade de que nem sempre à grande liberdade tão amplamente veiculada e aceita pela sociedade corresponde o assumir as dificuldades do relacionamento e a responsabilidade da convivência com as suas consequências.

15º encontro

Namoro

Cadeiras organizadas em duplas, uma ao lado da outra, para acomodação do grupo. Painel para exposição dos bonecos ao final do encontro.

À sua chegada cada perseverante receberá um boneco de papel, conferindo a ele a identidade de seu namorado(a). Nesse sentido, deverá registrar no corpo do boneco as qualidades e limitações, sonhos, projetos, gostos... que reflitam o tipo de pessoa que cada perseverante considera importante ter ao seu lado.

Cada "namorado(a)" é apresentado ao grupo, de modo espontâneo e da forma como cada perseverante preferir.

ORAÇÃO

Leitor 1: *"No princípio, Deus criou o ser humano à sua imagem, à imagem de Deus o criou. Homem e mulher ele os criou. E Deus os abençoou e lhes disse: 'Sede fecundos e multiplicai-vos, enchei a terra e submetei-a!'" (Gn 1,27-28).*

Leitor 2: *"O Senhor Deus formou o ser humano com o pó do solo, soprou-lhe nas narinas o sopro da vida, e ele tornou-se um ser vivente" (Gn 2,7).*

Leitor 3: *"O Senhor Deus fez vir sobre o homem um profundo sono, e ele adormeceu. Tirou-lhe uma das costelas e fechou o lugar com carne. Depois, da costela tirada do homem, o Senhor Deus formou a mulher e apresentou-a ao homem. E o homem exclamou: 'Desta vez, sim, é osso dos meus ossos e carne da minha carne!" (Gn 2,21-23a).*

Partilha

Fomos criados homem e mulher para refletirmos juntos como masculino e feminino a imagem e semelhança do Criador. Há uma complementaridade que implica um ajudar o outro a ser mais feliz, pois não é bom que o homem esteja só; por isso, homem e mulher ele os criou.

O fato de Deus soprar sobre o pó significa que o ser humano, diferentemente dos outros seres, traz em si o espírito divino, pois Deus sopra o seu hálito de vida, que lhe vem do seu interior.

A mulher nasce da mesma carne de Adão, é sua mesma essência e, ao ser proveniente da costela, de uma altura medianeira, significa que é igual (não foi tirada da cabeça, pois assim seria superior ao homem, e nem dos pés, pois seria sua escrava).

O namoro promove esta igualdade querida pelo Criador. É tempo de conhecimento, complementaridade de ambos e crescimento de um duradouro projeto de vida.

REFLEXÃO

Ouvir atentamente a música seguindo a letra.

Beleza imperfeita
Pe. Fábio de Melo. CD Pe. Fábio de Melo. *Marcas do eterno.*

Tanto amor já se acabou
Tanta gente já passou
Hoje eu vejo tanta ausência
Neste espaço que é teu
Onde sei que colecionas
Teus amores e ilusões

Os teus olhos não escondem
Estão cansados, posso ver

Tudo o que te aconteceu
Foi por falta de entender

Que amar não é prender
Nem ter domínio sobre alguém
Mas consiste em fazer livre
A quem se ama e se quer bem
Todo amor que não promove
A liberdade não convém

Eu já não posso esperar o amanhã
Para consolar teu coração
E afirmar-te que apesar de tantos erros
Eu te amo mesmo assim
E ainda que já não possas mais voltar
Para consertar o que se foi
Eu te abro o coração e te asseguro
És meu filho mesmo assim

Que o teu olhar não se prenda
Em quem não quer
Ver-te para além das ilusões
Pois o amor que vale à pena nesta vida
Dá ao coração sempre o direito
De ser ele imperfeito
E mesmo assim poder ser mais feliz

Se te escondes em tuas ilusões
E te ocultas naquilo que não és
Perderás a vida e não verás
A beleza de ser o que tu és
Misto de beleza e imperfeição
Que merece ser feliz

O namoro é o gosto de estar com uma pessoa que nos desperta a paixão e o desejo de estarmos juntos, não vendo o tempo passar. Sobretudo, é a alegria de nos sentirmos atraídos por essa pessoa, chegando a marcar os minutos para se encontrar com ela. Namorar faz tudo ficar mais bonito, mais colorido, pois a felicidade de amar e sentir-se amado dá forças para viver e lutar.

A canção apresenta alguém que já amou muito, mas encontra-se cansado e quem sabe decepcionado: "Tanto amor já se acabou/ Tanta gente já passou/ [...] Os teus olhos não escondem/ Estão cansados, posso ver". O poeta explica por que isso aconteceu.

Aprofunde no grupo: "Foi por falta de entender que amar não é prender/ nem ter domínio sobre alguém".

O poeta exalta o amor como um ato livre de quem ama e é amado. Contrapõe a liberdade com o domínio de quem quer prender e ter o controle sobre o outro. O conceito de liberdade é muito amplo. *O que entendemos por "fazer livre a quem se ama"? Será que consiste em entrar numa relação com boa vontade, acreditando no outro e em suas capacidades?* Mas nem por isso iremos perder a capacidade crítica e deixar de analisar e ponderar cada passo da relação.

"Que o teu olhar não se prenda/ Em quem não quer/ Ver-te para além das ilusões." Neste ponto, a canção nos chama a atenção para o realismo de uma relação amorosa. Às vezes, idealizamos o outro, queremos enxergá-lo sem defeitos e, pior, nos fixamos somente na beleza exterior e não cuidamos de aprofundar seus sentimentos e reações. "Pois o amor que vale à pena nesta vida/ Dá ao coração sempre o direito/ De ser ele imperfeito."

O namoro é a fase do encontro e da descoberta das mútuas diferenças. Quem se apaixona cegamente não consegue ver essas diferenças imediatamente, mas depois de certo tempo começa-se a ver que a pessoa não é tão perfeita; e por isso é preciso respeitar seus limites e fraquezas. Quem ama dialoga, revê suas atitudes, busca superar os desentendimentos e aprende a partilhar os sentimentos com o(a) namorado(a). Claro que o benquerer, a boa educação e os gestos de delicadeza ajudarão a revelar as qualidades e os defeitos de cada um.

Estar com alguém exige a responsabilidade de conhecer o outro, fazê-lo(a) feliz. Se é para namorar, há que se levar a sério a relação, porque não se pode brincar com os sentimentos de ninguém de forma irresponsável. Além do mais, o namoro pode levar a uma relação mais séria até o ponto de amadurecer uma decisão.

Após algum tempo juntos, é natural chegar à decisão de "dar um tempo" ou de continuar a relação. Isso é muito justo e faz parte desta etapa de encontro analisar se o jeito de ser ou os objetivos de vida da pessoa me agradam. O namoro é, portanto, uma fase que poderá ou não conduzir o relacionamento a algo mais sério e comprometedor.

Para falar de namoro, naturalmente, toda a vida pessoal deverá ser repensada, principalmente no campo econômico, pois se trata de garantir a estabilidade de uma relação que requer estruturas para que o amor possa ter condições de se desenvolver e assumir suas responsabilidades. Assim, namorar também implica, antes, a conquista de uma carreira profissional conquistada pelo estudo.

Podemos falar de namoro sem pensar numa profissão e num trabalho? E como trabalhar, sem ter estudado? Muitos jovens brasileiros vivem o drama de trabalhar durante o dia e estudar à noite, voltando cansados para casa já bem tarde da noite. Como entender o namoro nessa situação?

VIVÊNCIA

O catequista convida o grupo a se manifestar sobre o assunto. É importante ter cuidado para não entrar na intimidade deles, mas deixar que deles saiam respostas que orientem o debate e a busca de compreensão da sexualidade neste momento da vida deles. Algumas perguntas podem orientar:

- Você beija alguém na primeira vez que encontra?

- Você já sentiu por alguém aquela paixão que tira o sono?

- Qual a diferença entre "ficar" e namorar?

- Que coisas são importantes perceber durante o namoro?

Cada um dos presentes receberá uma folha e uma caneta para registrar, em uma palavra, o que acredita ser o mais importante num relacionamento. Por sua vez, cada um apresenta suas considerações, louvando ao Senhor para que mais e mais pessoas existam no mundo com as qualidades neste encontro professadas.

16º encontro

Viver em família[1]

Uma grande mesa para o trabalho coletivo poderá ser organizada, sendo dispostas sobre ela folhas de papel sulfite ou cartolina e materiais para pintura, tais como giz de cera, lápis de cor, canetinha...

É solicitada a cada um dos presentes a realização de um desenho que represente a sua família, particularmente as pessoas que a compõem. Este desenho será utilizado no início do próximo encontro.

ORAÇÃO

Cada um apresenta a sua família a partir da ilustração, ao que o grupo compartilha a seguinte proclamação:

Comentarista: *Pelo Batismo somos incorporados a Cristo, formamos o seu Corpo, a Igreja. São Paulo, na Carta aos Efésios, utiliza a imagem de Cristo, o esposo que ama a Igreja, sua esposa, a ponto de dar a sua vida por ela.*

Leitor 1: *"Vivei no amor, como Cristo também nos amou e se entregou a Deus por nós" (v. 2).*

Comentarista: *Assim como Cristo ama a humanidade, a sua Igreja — igualmente os maridos são chamados a amar suas esposas.*

Leitor 2: *"Maridos, amai as vossas mulheres, como Cristo também amou a Igreja e se entregou por ela" (v. 25).*

---

[1] Agradecemos ao Pe. Wladimir Porreca a colaboração e autoria da reflexão desta catequese.

Leitor 3: *"Os maridos devem amar suas esposas como amam seu próprio corpo. Aquele que ama sua esposa está amando a si mesmo. Ninguém jamais odiou sua própria carne. Pelo contrário, alimenta-a e a cerca de cuidado, como Cristo faz com a Igreja. Este mistério é grande — eu digo isto com referência a Cristo e à Igreja" (vv. 28-29.32).*

Partilha

A família está chamada a se realizar na prática do amor, na entrega e na oferta de cada um de seus membros em favor de todo o grupo. Vamos olhar sempre para Cristo que é capaz de amar até o fim e, por isso, derrama seu sangue e nos dá a sua carne como alimento. Procuremos observar as situações concretas em que este amor de Cristo é vivido em nossa casa. Como exemplo, citamos o caso verídico relatado a seguir, que com algumas variantes se repete em muitas de nossas casas.

O jovem pai, tratorista com 28 anos, esperou suas férias anuais para descansar e passear. Dois dias depois que saiu de férias, seu filho com apenas quatro anos ficou repentinamente doente. E, durante duas semanas, foi aquele corre-corre do hospital para casa. No final, o menino ficou bom, mas lá se foram a metade das férias e todo o dinheiro reservado para o passeio, pois os remédios e a correria não ficaram de graça.

Viver em família comporta doação e entrega para seus membros, eis o nosso primeiro campo para testemunhar a fé em Cristo. Vamos começar em casa.

REFLEXÃO

Você já ouviu falar que "água parada junta bicho". Nesta vida um dos sinais de que uma coisa não vai bem é quando está parada e sem movimento. Assim, acontece com a vida e as relações humanas também. Quando tudo começa a ficar sem movimento, sem relação, vai ficando morto. Então o saudável e bom está onde a vida e as relações estão em movimento, em relação que por si causam mudanças e transformações e geram diferença.

Comecemos a observar as pessoas e as coisas ao nosso redor, todos somos iguais e diferentes. Esse movimento na unidade é o bonito e o saudável na vida. Observe, por exemplo, os dedos da sua mão, eles são bem diferentes uns dos outros, no entanto, pertencem à sua mão e ao conjunto do seu corpo. Assim percebemos que todos e tudo têm coisas parecidas e diferentes, isso porque nada está parado e isolado. E nós seres humanos muito mais, porque não conseguimos viver sozinhos. Veja que para nascer e até para morrer precisamos dos outros. O relacionamento com o igual ou diferente faz parte essencial de cada um de nós.

O lugar privilegiado para nos relacionarmos é a família, em que aprendemos a ser e a conviver como gente. Ela é, certamente, a instituição social mais antiga do mundo e a realidade que todos conhecem e vivem. Nascemos em uma família. Mesmo aqueles que não têm experiência de família têm, pelo menos, a ideia, o desejo, a aspiração, a imagem de família e procurarão nas pessoas com quem convivem um pai e uma mãe. A família é importante porque nela está a base dos relacionamentos e o lugar apropriado para desempenharmos as funções de marido e mulher, de pais e filhos na transmissão de valores e de reforço da solidariedade entre as gerações. Por isso, o Papa João Paulo II dizia que o futuro da humanidade passa pela família.

Nossa família é o espaço de vida em que nascemos e de aconchego em que podemos crescer. A família é como o ninho em que o ser humano é colocado para receber vida, leite, calor, amor e estímulo para crescer e se tornar adulto autônomo e responsável. Nesta construção vital, pais e filhos podem colaborar realizando um projeto humano maravilhoso, ou podem se desencontrar chegando ao fracasso mais doloroso.

Matrimônio e família

A família surge como realidade fundamental para a formação da identidade humana e social. Nascemos numa comunidade familiar própria, irrepetível, que não se iguala a nenhuma outra. Para a doutrina católica, a família é uma instituição divina fundada no matrimônio, iniciada no consentimento dos esposos, ordenada para o amor conjugal e a procriação e educação dos filhos no matrimônio uno e indissolúvel (cf. Mc 10,11s; Lc 16,18; Mt 5,31s; 1Cor 7,10s), elevada por Jesus Cristo à dignidade de sacramento pelo Matrimônio.

A Igreja reitera a importância da *família nuclear* formada a partir do sacramento do Matrimônio, no qual marido e mulher se unem no Senhor num projeto de vida que comporta a fidelidade de amor de um cuidar do outro por toda a vida, com a finalidade de construírem a própria felicidade e gerar filhos. Selam uma aliança que conta com a força e a graça de Deus para superar as dificuldades.

Estamos diante de um contínuo processo de mudança na maneira de organizar e compor a família nas diferentes épocas da história, mas não do seu desaparecimento. Por exemplo, há o modelo da era primitiva, da cultura grega, romana, da era industrial, contemporânea... No entanto, o modelo mãe, pai e filhos ultrapassa os tempos e as situações e, até hoje, permanece o ideal da família nuclear. Isso demonstra que ela não é uma construção meramente humana, cultural ou de interesse social, mas natural, criada e querida por Deus e essencial para o ser humano.

VIVÊNCIA

Aprendendo sobre a vida no contexto familiar

Objetivo

A partir da história familiar de cada um, fazer com que os participantes reflitam sobre a própria existência.

Desenvolvimento

Primeiro passo: O facilitador solicita que os participantes se organizem em grupos de quatro pessoas. Em seguida, ele pede que cada um conte aos demais alguns fatos de seus antepassados (como, por exemplo, relacionamentos, dificuldades, conquistas, mortes, migrações, separações), até chegar a seu núcleo familiar.

Segundo passo: Em seguida, ele convida os integrantes do grupo a comparar suas histórias, refletindo sobre a influência desses fatos em suas vidas.

Terceiro passo: Ao final, o animador incentiva os participantes a refletirem sobre a relação entre a atividade proposta e a família na atualidade.[2]

A vida familiar é sempre imperfeita, pois somos carregados de defeitos, mas temos muitas coisas positivas a serem consideradas. Observe os elementos, situações, diferenças que compõem a sua família. Importa ressaltar: como as relações são construídas, como se trabalha dentro e fora da casa para que a casa fique limpa e haja recursos para pagar as despesas do supermercado, médico, dentista, escola... Nesta semana, selecione um fato ou algo que procurou observar e mais lhe chamou sua atenção.

---

[2] ANDRADE, Márcia Campos. *Dinâmicas para a convivência humana.* São Paulo, Paulinas, 2006. p. 32.

17º encontro

Novas formas familiares[1]

O grupo faz um círculo e expõe ao centro os seus desenhos, de modo que todos possam ser observados. Ao som da canção *Oração pela família*[2] o grupo dá as mãos e realiza uma bonita ciranda, contemplando a vasta realidade que marca a vida de cada um dos presentes. Ao final, os perseverantes realizam a troca dos desenhos, de modo que cada um possa levar consigo a família do outro, louvando a Deus para que a família seja realmente lugar de esperança, de alegria e de paz.

ORAÇÃO

Proclamar: Rm 12,4-5.9-17 — Que o amor fraterno vos una uns aos outros.

Catequista: *Rezemos ao Senhor que se dignou viver em família e cumulá-la de bênçãos celestes, para que olhe com bondade por nossas famílias, e digamos:*

R. *Senhor, guardai a nossa família na vossa paz.*

1. Vós que, sendo obediente a Maria e a José, consagrastes a vida familiar, santificai as nossas famílias.

2. Tivestes zelo pelas coisas do Pai; fazei que em toda família Deus seja servido e honrado.

---

[1] Agradecemos ao Pe. Wladimir Porreca a colaboração e autoria da reflexão desta catequese.

[2] PE. ZEZINHO. CD *Oração pelas famílias.*

3. Amastes os vossos pais e fostes por eles amado; consolidai todas as famílias na paz e na caridade.

4. Em Caná da Galileia, alegrastes o nascimento de uma família com o vosso primeiro milagre, transformando a água em vinho; aliviai as dores e aflições de todas as famílias e transformai-as suavemente em alegria.

Catequista: *Rezemos juntos: Pai nosso...*

REFLEXÃO[3]

Pedir a cada adolescente que elabore um projeto de vida familiar, de modo que possa desenhar ou escrever sobre a família que pretende constituir no futuro, o que espera... O catequista solicita a cada um que entregue o seu projeto, pois todo o material será utilizado no próximo encontro. Na sequência inicia-se a reflexão sobre o tema.

Atualmente, na sociedade brasileira, se convive com diversas formas de configurações familiares. Dentre as novas modalidades, evidenciam-se:

1. A *monoparental,* que no passado era originada, em grande parte dos casos, pela morte de um dos genitores (viuvez); atualmente, essa forma de família constrói-se, muitas vezes, devido à separação dos cônjuges. Na maioria desses casos, a criança é criada unicamente pela mãe.

2. A *segunda união,* que é composta por casais em que um ou ambos os parceiros se separaram dos primeiros cônjuges e casaram-se novamente, no civil ou não; nela ambos, ou um dos parceiros, podem ter filhos da união anterior, e muitas vezes acabam tendo filhos dessa nova união.

---

[3] Para aprofundar o tema, recomendamos: PORRECA, Wladimir. *Famílias em segunda união;* questões pastorais. São Paulo, Paulinas, 2010. PERLA, Silvia A.; CASTELLO, Jorge G. *Separados em nova união;* uma realidade atual. São Paulo, Paulinas, 2005.

A segunda união de casais unidos anteriormente pelos laços do matrimônio, sacramentalmente válido e consumado, se encontra numa realidade que a Igreja considera como situação irregular. Isso a impossibilita de reconhecer como válida essa segunda união por não terem cumprido as propriedades essenciais do primeiro Matrimônio: *a unidade e a indissolubilidade*. Em consequência, os casais em segunda união estão impossibilitados de celebrar o Matrimônio, de receber a absolvição sacramental e a comunhão eucarística.

O Papa João Paulo II escreveu e publicou, em 1981, o documento sobre *A missão da família cristã no mundo de hoje*. Esse documento foi fundamental para uma abertura mundial da situação dos casais em segunda união. No número 84, recomenda que seja examinada e aprofundada a pastoral dos divorciados recasados, aceitando que a condição humana está sujeita à fragilidade e ao fracasso. Afirma que os divorciados recasados não estão separados da Igreja, mas convidados a participarem da vida e missão da Igreja, nos limites exigidos pela sua condição particular de divorciados.

Devem ouvir, ler e propagar com solicitude evangélica a Palavra de Deus da verdade e da misericórdia; frequentar o sacrifício da Missa, fazendo sua comunhão espiritual no exercício de não reduzir a Missa à comunhão eucarística. E, ainda, perseverar na oração, de um modo particular na Adoração Eucarística, estreitando os vínculos com Jesus Cristo Eucarístico, e pela oração do terço em família manifestar a devoção à Virgem Maria.

Os casais em segunda união, a exemplo do Cristo Servidor, se empenharão na prática das obras de caridade, no auxílio aos mais pobres, na ajuda aos casais em conflitos, dando testemunho de obediência e amor a Deus e à Igreja, podendo, enfim, colaborar em todas as iniciativas da comunidade em favor da justiça, exercendo os princípios da família cidadã.

Outra família

Casar-se novamente conduz os membros da família à reorganização da sua vida afetiva, social, profissional e sexual. Não é uma repetição da relação anterior, mas a construção de uma forma relacional nova que agora se dá em dois núcleos parentais (a família dele e a dela — ex-cônjuge e filhos), com a tentativa de reconstruir as relações rompidas.

A segunda união é considerada como possibilidade de refazer a vida doméstica, ainda que acarrete sofrimento. Esta modalidade familiar constitui a possibilidade de um recomeçar, formar uma nova família, ter alguém como companheiro, ter um relacionamento estável; nela os casais não se consideram condenados à infelicidade matrimonial pelo insucesso anterior, mas reconhecem e constroem significação para o novo relacionamento a partir dos atributos culturais de felicidade matrimonial. Embora essa nova união conjugal não esteja alheia às marcas vividas no primeiro casamento, os casais criam diversas alternativas de convivência emocional e material no espaço doméstico, procurando não reproduzir as situações anteriormente experimentadas, prevenindo-se da experiência de sofrimento anteriormente vivida.

Conflitos na segunda união

O novo casamento suscita conflitos de lealdade, que serão particularmente intensos quando os pais biológicos não se dão bem, pois os filhos precisam resguardar e proteger seu relacionamento com o seu genitor. Outro aspecto é o medo que os filhos têm de perder o pai ou mãe para o novo cônjuge. Eles já sofreram perdas e ficam mais sensíveis à perspectiva de novas perdas; por isso tentam manter seus pais só para si e são relutantes em abrir mão de qualquer parcela do afeto e da atenção dos pais, demonstrando sentimentos de ciúmes, competitividade e rejeição para com o novo cônjuge.

A situação se agrava quando a criança fica dividida, à medida que gosta do parceiro de um dos pais, podendo suscitar sensações de estar traindo o outro. E o conflito de lealdade sempre pode estar presente nessas relações, impossibilitando, em muitas ocasiões, bons relacionamentos familiares.

Os filhos ainda podem ter de enfrentar o conflito da lealdade, a tristeza, o medo de serem separados de, ou mesmo abandonados por uma das figuras parentais e muitos outros fatores de risco que condicionam a adaptação deles às mudanças nas novas estruturas e nos novos relacionamentos familiares, muito embora a recuperação afetiva seja prevista. Talvez esses sentimentos sejam os mais presentes e avassaladores na grande parte dos filhos com pais recasados.

Não se deve esperar, principalmente dos filhos maiores, que fiquem felizes com a nova união: normalmente são muito frios com o "substituto" de seu genitor, pois do ponto de vista da criança o novo casamento de um dos pais impede a reconciliação dos pais biológicos.

Quando as normas e valores são claramente expostos e sistematicamente aplicados, os filhos conseguem adaptar-se com mais tranquilidade à desafiante situação. O passar do tempo e a garantia de qualidade de relacionamento e cuidado dispensado pela figura parental com quem mora, junto com a assiduidade e a qualidade de relacionamento com a figura parental com quem não mora, permitem à criança diferenciar o conflito conjugal do relacionamento consigo, controlando o medo da rejeição e de abandono.

VIVÊNCIA

Temos a família que temos! Rica ou pobre ou formada com tios e avós, ou somente pela mãe, ou com a mãe e um padrasto, ou... É importante que em nossa casa haja respeito uns pelos outros, que nos amemos mutuamente e que cada um colabore e cumpra a parte que lhe cabe para que haja harmonia e condições de crescimento de todos.

Vale a pena sermos responsáveis e darmos conta daquilo que nos cabe para que haja paz e tranquilidade em nossa família. Por exemplo,

- ajudar nas tarefas que nos foram atribuídas no cuidado da casa (varrer, deixar o quarto arrumado, lavar louça, cuidar dos animais, avisar quando sair...);

- cumprir com exatidão as tarefas escolares.

Diante das várias formas familiares que se manifestam na dinâmica da vida social, agradecer a Deus pela vida e pedir as bênçãos para que cada uma possa refletir em seu seio familiar o amor de Deus a todos os seus membros.

18º encontro

Viver a fé em família

Levando em conta as possibilidades de dia e os horários disponíveis a partir da realidade do grupo, sugerimos que este encontro seja realizado na casa de um dos perseverantes, de modo que a família possa se reunir para vivenciá-lo. Previamente, o envio de um bonito convite sensibilizará a família para este momento. Se for conveniente e com a autorização do pároco, outros encontros semelhantes poderão acontecer na casa de outros membros do grupo.

ORAÇÃO

Rezar um Ofício Divino do anexo e proclamar: Mc 5,21-24.35-43.

Partilha

Jesus se compadece da tristeza de um pai que está com sua filhinha já para morrer. Jesus lhe pede apenas uma coisa: "Somente crê!". Acreditar em sua pessoa, força e ação é o que o Mestre requer para que se desencadeie uma nova ordem de coisas.

A cura da filha de Jairo nos faz ver que, para Jesus, a doença e mesmo a morte tornam-se um sono leve, pois ele é o Senhor da vida.

Em nossa casa, até mesmo as situações mais desesperadoras devem ser enfrentadas com fé. Assim como Jesus socorreu um pai vencido pela dor da doença e da morte, somente o Senhor nos devolve a coragem e a força para superar os problemas em nossa família.

Nossa família crê no senhorio de Jesus Cristo? Como vivemos a fé em família? A fé se manifesta apenas quando rezamos juntos em casa? Quais os sinais que evidenciam a vida de fé de minha família?

REFLEXÃO

A fé é um dom. Crer em Deus não significa fugir dos problemas do mundo, mas, sim, enfrentar com realismo as dificuldades que aparecem. Na vida familiar, não existem somente experiências positivas de encontros. Existem situações que desestruturam a vida familiar e causam tristeza e desesperança, como fatores de ordem econômica, de segurança, de saúde. Ou mesmo os desencontros ocasionados pela falta de tempo.

Viver a fé em família nos leva a perceber a manifestação de Deus em nossa casa. As situações e os acontecimentos, às vezes inesperados e difíceis, passam a ser compreendidos não como castigo, mas como fatos possíveis de serem superados e revertidos porque Deus caminha conosco, sua providência não nos abandona e nos leva a ser uma família que trabalha e se respeita mutuamente.

Você também pode colaborar decisivamente para o crescimento da fé de sua família. Tal como a Casa de Deus, nossa casa merece ser honrada, pois aí, na simplicidade do lar, Deus atua nos corações e quer que o louvemos com uma convivência harmoniosa. Sem contar que em nossa casa, não importa se é rica ou pobre, a Palavra de Deus será rezada, a Mãe de Jesus venerada.

A celebração eucarística dominical constituirá o ponto central da vida de fé de toda a família. Nessa celebração, agradecemos ao Pai pelos dons recebidos, frutos do trabalho realizado por nossas mãos. A mesa da família está em continuidade com a oração realizada na mesa eucarística. Sempre que possível, seja o(a) primeiro(a) a estimular a família para rezar ao redor da mesa, antes das refeições, não faltar à celebração dominical, reunir-se para rezar...

O clima de oração na família leva cada um a não brigar por qualquer coisa, a trabalhar com maior tranquilidade, pois as tarefas são divididas e bem aceitas; diminui-se o ciúme, que, por sua vez, dá lugar ao carinho e às expressões de afeto.

Viver a fé na família não significa apenas que rezamos juntos. Isso já é um grande sinal, mas outras atitudes mostram por si mesmas que vivemos a fé em nossa casa. Por exemplo: o modo como cuidamos e respeitamos os idosos; como diminuímos a ânsia de comprar e consumir; o envolvimento com o bem comum, especialmente com os pobres...

Testemunho de um casal

"Sem Deus, teria sido impossível dar uma educação positiva aos nossos filhos, pois ele é a essência do amor. Como poderíamos passar aos nossos filhos a importância de amar ao próximo, respeitar o outro para ser respeitado, saber viver em paz, ser capaz de ajudar o mundo a ser melhor no exercício de qualquer profissão e construir uma família baseada no amor, se não conseguíssemos transmitir-lhes a presença, na nossa vida, do Deus-amor, o Deus que nos ama incondicionalmente? Colocar Deus na vida dos filhos é o maior investimento que os pais podem fazer."[1]

VIVÊNCIA

A cada visita, as famílias apresentam sua vivência de fé, resgatando seu relacionamento com Deus na rotina diária.

Para auxiliar na apresentação da vivência de fé, alguns questionamentos podem ser feitos, tais como:

É importante rezar juntos como família? Na sua casa, quem participa da comunidade? O que fazer para envolver toda a família na participação da Eucaristia dominical? Que comportamentos notamos numa família que leva a sério a fé cristã?

O projeto de vida familiar elaborado pelo perseverante é neste momento apresentado, dinamizando o processo de compreensão sobre esta importante dimensão da vida.

---

[1] MENDES, Jorge e Isabel. *Educar os filhos na fé*; amor, diálogo e equilíbrio. São Paulo, Paulinas, 2006. pp. 29-30.

Sem diálogo não há solução

O diálogo entre pais e filhos, apesar de difícil, é fundamental para criar um ambiente de confiança que facilite a educação de crianças e adolescentes.

Já se tornou senso comum afirmar que pais e filhos devem dialogar. O problema é como isso se dá — ou não se dá — no cotidiano. Para muitos pais, dialogar significa impor aos interlocutores mais novos suas certezas, que vêm embaladas por um monólogo sem fim. Quando isso ocorre, o mais comum são os filhos — sobretudo se adolescentes — fazerem ouvidos moucos àquilo que chamam de blá-blá-blá, e se afastarem convictos de que é impossível conversar com os pais. As crianças podem até ouvir, mas normalmente saem dessas "conversas" com a impressão de que suas intervenções, quase sempre breves, não foram levadas em conta.

Por outro lado, muitos filhos, principalmente na adolescência, acreditam que os pais têm muito pouco a lhes ensinar. Olham para os mais velhos como "espécimes em extinção", representantes de um passado superado, habitantes de um mundo completamente diferente, repleto de medos infundados e preocupações inúteis. Tal sensação de autossuficiência, própria dessa fase da vida, é outro fator desfavorável ao diálogo intergeracional.

O que fazer para romper esse impasse, que ameaça comprometer significativamente o relacionamento familiar e a boa educação dos filhos? A resposta a essa pergunta é de enorme importância, pois a comunicação é o fundamento principal sobre o qual se apoia a formação dos filhos. O primeiro passo, portanto, é entender corretamente o que significa dialogar. E essa observação vale tanto para os pais quanto para os filhos. "A pessoa que acha que dialogar é o mesmo que falar não imagina que o outro também tem uma opinião sobre o assunto discutido. Por isso, acredita que a conversa acaba quando ela disse tudo o que tinha a dizer, sem dar oportunidade de o outro se expressar" — alerta a psicóloga Paula Dely, ex-coordenadora da Vara da Infância e da Juventude de Curitiba (PR).

É o caso, por exemplo, daquele pai que quer convencer o filho a não ir à balada sábado à noite ou o do filho que quer persuadir o pai a lhe emprestar o carro para viajar com os amigos. Ambos já iniciam o "bate-papo" aferrados a suas posições, esperando que um aceite passivamente as colocações do outro. Na verdade, muito mais do que dialogar, cada uma das partes desejava apenas comunicar uma decisão que já julgava tomada de antemão, e à qual não se poderia contrapor nenhum argumento. Tal postura é o caminho mais curto para o conflito. "E briga, discussão ou gritaria não têm nada a ver com diálogo" — alerta a psicóloga.

Saber ouvir — Para transpor tais atitudes que impedem a comunicação e abrir caminho ao entendimento, algumas atitudes são recomendáveis. "O diálogo é um exercício difícil, pois exige que as pessoas tenham consciência de que, além de falarem, também precisam ouvir" — afirma Paula Dely. E esse ouvir não significa apenas escutar. Para a psicóloga, é necessário que as pessoas se disponham a entender o ponto de vista do outro, mesmo que este seja diverso do seu. "Diálogo é também uma negociação na qual as pessoas ouvem e respeitam as opiniões do outro, tentando chegar a um acordo, o que exige que as partes cedam um pouco" — recomenda.

Essa abertura também é revelada por outras posturas indicativas de que se busca realmente o diálogo. Uma delas é dispor de tempo para a conversa. Sobretudo no que se refere aos pais, não adianta iniciar a conversação de olho no relógio, pensando em outros compromissos. Escolher um lugar tranquilo e evitar um tom de voz mais ríspido, mesmo nos momentos de maior contrariedade, são outras boas recomendações. Muito importante também é evitar que pessoas alheias ao assunto — amigos e irmãos, por exemplo — presenciem a conversa, pois isso cria uma vulnerabilidade nos interlocutores que dificulta a busca de consenso. "Quando outras pessoas estão presentes, há uma maior resistência em ceder aos argumentos do outro, pois, para os pais, isso pode ser confundido com falta de autoridade, enquanto, sob a ótica dos filhos, fica uma sensação de humilhação" — garante Mara Cristina Suassuna Costa, psicóloga clínica e organizacional.

Outro cuidado fundamental: mesmo nos momentos de maior tensão, os pais nunca devem utilizar palavras sarcásticas ou ofensivas, que agridam a autoestima dos filhos. "Não esqueça de que, um dia, você também esteve nessa mesma posição. Lembre-se de seus desejos e expectativas de autonomia e de como você gostaria que esses temas, que lhe eram tão caros, fossem tratados por seus pais" — recomenda Mara Cristina. Nessa hora, siga o conselho do educador austríaco Bruno Bettelheim (1903-1990): "Pense em sua própria experiência. Todas as respostas estão lá".[2]

---

[2] GIANNELLA Júnior, Fúlvio. In: *Revista Família Cristã*. São Paulo, Paulinas, n. 887, novembro de 2009, pp. 26-27.

19º encontro

Amizade não se compra

ORAÇÃO

Comentarista: *No Evangelho encontramos a grande amizade de Jesus com seus apóstolos. Eles conviviam dia e noite com o Mestre, andavam juntos todo o tempo e depois, quando estavam sozinhos no grupo, Jesus lhes ensinava o que não haviam entendido em sua pregação e, se fosse necessário, também lhes chamava a atenção.*

Leitor 1: *Diz Jesus: "Vós sois meus amigos, se fizerdes o que eu vos mando. Já não vos chamo servos, porque o servo não sabe o que faz o seu Senhor. Eu vos chamo amigos, porque vos dei a conhecer tudo o que ouvi de meu Pai" (Jo 15,14-15).*

Comentarista: *Maria Madalena também foi uma grande amiga de Jesus, que o acompanhou em sua vida e permaneceu com ele até aos pés da cruz.*

Leitor 2: *"Junto à cruz de Jesus, estavam de pé sua mãe e a irmã de sua mãe, Maria de Cléofas, e Maria Madalena" (Jo 19,25).*

Comentarista: *Por sua amizade com o Mestre, foi a primeira a saber e a anunciar a sua ressurreição.*

Leitor 1: *"No primeiro dia da semana, bem de madrugada, quando ainda estava escuro, Maria Madalena foi ao túmulo e viu que a pedra tinha sido retirada dele. Ela saiu correndo e foi se encontrar com Simão Pedro" (Jo 20,1-2).*

Comentarista: *Na cidade de Betânia, a uns três quilômetros de Jerusalém, Jesus tinha três amigos: Marta, Maria e Lázaro, que eram irmãos. Quando estava cansado, se hospedava na casa deles. Lázaro ficara doente, e as irmãs mandam lhe avisar: "Senhor, aquele que amas está doente" (Jo 11,5).*

Leitor 2: *"Quando Jesus chegou a Betânia, encontrou Lázaro já sepultado, havia quatro dias" (v. 17). Maria foi ao seu encontro. "Quando Jesus a viu chorar, e os que estavam com ela, comoveu-se interiormente e perturbou-se. Ele perguntou: 'Onde o pusestes?' Responderam: 'Vem ver, Senhor!' Jesus chorou. Os judeus então disseram: 'Vede como ele o amava!'" (vv. 34-36).*

Comentarista: *Jesus amava o seu amigo Lázaro. É a única vez que o Evangelho registra que Jesus chorou. Jesus, então, se dirige ao túmulo e ordena que Lázaro viesse para fora.*

Pai nosso...

REFLEXÃO

O grupo ouve a canção e depois cada um diz suas impressões.

Hei, amigo
Pe. Zezinho, scj. CD Cantores de Deus. *Em verso e em canção.*

Pela amizade que você me vota
Por meus defeitos que você nem nota
Por meus valores que você aumenta
Por minha paz que você alimenta

Por esta fé que nós nos transmitimos
Por este pão de amor que repartimos
Pelo silêncio que diz quase tudo
Por este olhar que me reprova mudo

Por esta mão que diz pra eu seguir em frente
Porque você não cala nunca e não consente
Pela pureza dos seus sentimentos
Pela presença em todos os momentos

Hei, amigo, hei, meu irmão
Aceita a minha gratidão

Por ser presente mesmo quando ausente
Ficar feliz quando me vê contente
Por rir comigo quando estou risonho
E ficar triste quando estou tristonho

Por repreender-me quando estou errado
Por meu segredo sempre bem guardado
Por seu segredo que só eu conheço
E por achar que apenas eu mereço.

"Estar junto com a galera é o maior barato!" "Fazer amigos, ter amigos é superbacana." Podemos sair cantando que "é impossível ser feliz sozinho". O grupo de amigos da escola ou do bairro dá a chance de conversar coisas interessantes e legais, com pontos de vista semelhantes e com as mesmas expressões.

Nesta fase de adolescência é importante ter e saber fazer amigos. Está em jogo nossa capacidade de ouvir, guardar segredos, ajudar o outro a ser mais responsável e consequente com suas atitudes. Por outro lado, igualmente, precisamos do amigo para ouvir nossos segredos e também para nos ajudar a ser mais responsáveis. Igualmente se faz necessário trabalhar em grupo com os colegas; isto nos ensina a ser mais respeitosos com o outro, nos ajuda a ser mais interativos, a produzir em equipe, a renunciar a um modo de pensar próprio como sendo o único válido e ver que são possíveis outras formas de entender e resolver as situações.

Temos muitos colegas, mas são poucos os amigos sinceros e verdadeiros. Quando se é amigo pra valer, não se pode ter medo de dizer a verdade, mas se deve ter a confiança de que, mesmo quando acontecer alguma desavença, um não trairá a confiança do outro. Com os amigos a gente se abre, revela os sentimentos e se sente compreendido. Reconhecemos os autênticos amigos nos momentos de dificuldades, porque são aqueles que se incomodam e se fazem presentes quando estamos doentes, perdemos o emprego, sofremos uma perda... Uma amizade se constrói e pode durar a vida inteira. São as chamadas "velhas amizades". Dá para entender por que não se pode comprar um amigo. É questão de confiança, de benquerer.

VIVÊNCIA

Comente no grupo:

Somente porque uma pessoa é nossa amiga devemos aprovar tudo o que faz?

Como ser amigo de uma pessoa que, por exemplo, é usuária de drogas? Como não se deixar influenciar por isso?

Como cultivar uma amizade para ela ser sempre mais sincera e verdadeira?

Cite exemplos de "prova de amizade".

20º encontro

Geração digital

ORAÇÃO

Comentarista: *O desejo fundamental que as pessoas têm de se relacionar umas com as outras deve ser visto como reflexo da nossa participação no amor comunicativo e unificante de Deus, que quer fazer da humanidade inteira uma única família. Quando sentimos a necessidade de nos aproximar das outras pessoas, quando queremos conhecê-las melhor e dar-nos a conhecer, estamos respondendo à vocação de Deus — uma vocação que está gravada na nossa natureza de seres criados à imagem e semelhança de Deus, o Deus da comunicação e da comunhão.*

Leitor 1: *Na Bíblia, Deus fala com os seres humanos, se dirige diretamente a Abraão, Moisés, Elias e tantos outros. Nosso Deus quer comunhão, quer se comunicar conosco. Nosso Deus é um Deus próximo que estabelece Aliança, faz pacto com o seu povo escolhido. A máxima comunicação de Deus com a humanidade se dá com a encarnação do Filho Único do Pai, que armou a sua tenda entre nós, assumiu o destino da humanidade e nos salvou da condenação do pecado.*

Comentarista: *"Muitas vezes e de muitos modos, Deus falou outrora aos nossos pais, pelos profetas. Nestes dias, que são os últimos, falou-nos por meio do Filho, a quem constituiu herdeiro de todas as coisas e pelo qual também criou o universo. Ele é o resplendor da glória do Pai, a expressão do seu ser. Ele sustenta o universo com sua palavra poderosa. Tendo feito a purificação dos pecados, sentou-se à direita da majestade divina, nas alturas" (Hb 1,1-3).*

Todos: *Glória a Deus nas alturas...*

REFLEXÃO

Iniciar a conversa perguntando ao grupo quais os sites mais visitados; em média, quanto tempo é dedicado aos bate-papos on-line; quais as consequências de expor fotos, situações e pontos de vista no orkut...

"As novas tecnologias digitais provocam mudanças fundamentais na comunicação e nas relações humanas. Estas mudanças são particularmente evidentes entre os jovens que cresceram em estreito contato com estas novas técnicas de comunicação.

O potencial extraordinário das novas tecnologias podem favorecer a compreensão e a solidariedade humana e também podem promover uma cultura de respeito, de diálogo, de amizade.

O alcance global e a onipresença da internet criaram uma multiplicidade de vias através das quais é possível enviar, instantaneamente, palavras e imagens aos cantos mais distantes e isolados do mundo. Os jovens deram-se conta do enorme potencial que os novos *media* têm para favorecer a ligação, a comunicação e a compreensão entre indivíduos e comunidade, e os usam para comunicar com os seus amigos, encontrar novos, criar comunidades e redes, procurar informações e notícias, partilhar as próprias ideias e opiniões.

Dessa nova cultura da comunicação derivam muitos benefícios: as famílias podem permanecer em contacto apesar de separadas por enormes distâncias, os estudantes e os pesquisadores têm um acesso mais fácil e imediato aos documentos, às fontes e às descobertas científicas e podem, por conseguinte, trabalhar em equipe a partir de lugares diversos; além disso, a natureza interativa dos novos *media* facilita formas mais dinâmicas de aprendizagem e comunicação que contribuem para o progresso social."[1]

"As novas tecnologias não apenas tornam a vida mais fácil, como também produzem mudanças nos costumes e hábitos sociais. 'Os adolescentes perdem a noção do tempo quando estão entretidos no computador e isso chega a se transformar em vício. O problema não é a internet, mas o uso que se faz dela.' — ex-

---

[1] BENTO XVI. Novas tecnologias, novas relações. Promover uma cultura de respeito, de diálogo, de amizade. In: *43º Dia mundial das comunicações sociais*, 24 de janeiro de 2009.

plica Quezia Bombonatto, presidente da Associação Brasileira de Psicopedagogia."[2]

"Não dá para ignorar os perigos que rondam a internet; ela é um espaço aberto e ingovernável, pelo qual circula todo tipo de boas e más intenções."[3]

Identificando um viciado em internet

"A pessoa dependente da internet apresenta os seguintes sintomas:

- *Preocupação* — Quando está off-line não consegue pensar em outra coisa.

- *Necessidade* — O viciado tem a necessidade contínua e crescente de utilizar a internet.

- *Irritabilidade* — Não aceita ficar sem contato com a internet; quando tentam reduzir o tempo que permanece conectado fica logo irritado.

- *Fuga* — Usa a internet como forma de fugir dos problemas.

- *Tempo* — O uso desregrado da internet aliado ao tempo exagerado diante do computador é o que faz a pessoa ser considerada viciada.

- *Prejuízos* — Vida social e a profissional ficam comprometidas; o dependente evita compromissos fora da internet."[4]

VIVÊNCIA

Refletindo sobre o significado das novas tecnologias, é importante considerar não só a sua capacidade de favorecer o contato entre as pessoas, mas também a qualidade dos conteúdos que entram em circulação.

Vamos ficar atentos aos conteúdos que destroem as pessoas, caluniam ou dizem a verdade pela metade.

---

[2] BORGA, Juliana. Crianças x internet: uma relação delicada. In: *Família Cristã*. São Paulo, janeiro/2008, p. 20.

[3] Ibid.

[4] BORGA, Juliana. Viciados em internet. In: *Família Cristã*. São Paulo, maio/2008, p. 25.

Vamos evitar a partilha de palavras e imagens degradantes para o ser humano que ridiculariza os débeis e os sem-defesa.

Vamos excluir aquilo que alimenta o ódio e a intolerância e alimenta preconceitos de raça, orientação sexual, condição social...

O Papa Bento XVI encoraja todas as pessoas de boa vontade, ativas no mundo da comunicação digital, a que se empenhem na promoção de uma cultura do respeito, do diálogo, da amizade.

21º encontro

Amizade on-line

ORAÇÃO

Comentarista: *No Evangelho temos a cena do bonito encontro entre duas primas, Maria e Isabel. Duas pessoas que se estimam, são amigas e se acham sintonizadas com o projeto de Deus, pois ambas receberam a visita do Senhor que modificou radicalmente suas vidas. Esta amizade se traduz em gestos: uma vai ao encontro da outra; Isabel recebe calorosamente sua prima; Maria permanece na casa da prima Isabel para ajudá-la; as duas amigas compartilham a situação de gravidez e da mesma esperança de libertação do povo de Israel.*

Leitor: *(Proclamar Lc 1,39-45 — Maria visita Isabel.)*

Comentarista: *A experiência da Palavra de Deus produz em nossa vida o encontro com Deus e com os irmãos. Deus confia no ser humano, está próximo dele, como o irmão de sua irmã, como o pai da filha, como o amigo da amiga.*

REFLEXÃO

Pode-se iniciar a conversa destacando a grande amizade entre Davi e Jônatas, filho de Saul. Lembrar a perseguição do rei sobre Davi que incentivou a grande amizade de ambos, conforme 1Rs 18,1-5; 19,1-7; 20; 23,14-18.

O conceito de amizade alcançou um novo modo de se expressar nas redes sociais digitais que surgiram nos últimos anos. Este conceito é uma das conquistas mais nobres da cultura humana. Nas nossas amizades e através delas crescemos e nos desenvolvemos como seres humanos. Por isso mesmo, desde sempre a verdadeira amizade foi considerada uma das maiores riquezas de que pode dispor o ser humano.

"A cibercultura imprimiu uma nova forma aos relacionamentos humanos [...]. O amigo virtual. Virtual porque, mesmo que ele tenha enviado uma foto, não há convívio pessoal. Olhares, toques, cheiros não fazem parte dessa amizade.

O amigo virtual é alguém encontrado no ciberespaço. Pode ser de outro país ou estado, e da mesma maneira como ele se instala na vida do adolescente, pode desaparecer. Afinal, basta encerrar a conversa ou bloquear seu contato quando não existe mais interesse na amizade. Diferente do que acontece com o amigo real, com quem é preciso conviver e respeitar as diferenças.

A importância do grupo — Na adolescência o contato com o grupo de amigos é uma questão de necessidade. 'Ser aceito por um grupo é um acontecimento muito valorizado nessa fase da vida. O adolescente tem a necessidade de estar em sintonia com os amigos, que são rigorosos em seus padrões. Quem quiser continuar fazendo parte do grupo deve se adequar às condições impostas como ter um computador, manter um perfil no orkut etc.' — afirma a psicóloga do Núcleo de Pesquisa da Psicologia em Informática da PUC-SP, Maluh Duprat. É... manter uma amizade na adolescência não é tarefa fácil, por isso muitos acabam se dedicando demasiadamente aos amigos virtuais, já que a distância garante um espaço mais confortável para se comunicar.

Especialistas afirmam que o mundo virtual funciona como uma extensão da consciência. O tímido fica extrovertido, aquele que possui uma baixa autoestima sente-se querido. Dessa forma, as amizades virtuais quando bem vividas ampliam os horizontes e podem até colaborar com as questões do mundo real. 'A amizade virtual mexe com as fantasias e idealizações do adolescente' — completa a psicóloga.

Entre o real e o virtual — [...] O contato virtual faz bem por um lado, mas por outro pode sequestrar o adolescente para uma vida paralela. 'Enquanto se trata de um hábito, tudo bem, mas ao se tornar um vício, passa a ocupar um espaço demasiado e provocar danos na vida do adolescente. Ele passa a viver isolado da família, vai adiando o banho, faz as refeições à frente do computador e não tem vontade de sair para encontrar as pessoas, praticar esporte. O real vai ficando em segundo plano, pois o virtual fornece tudo o que ele precisa: a informação, a parte lúdica, o afeto e a diversão. Tudo isso sem sair da cadeira' — comenta Maluh.

Para não chegar a este ponto é preciso traçar um vínculo entre os dois mundos. O ideal é fazer bom uso da realidade virtual e aproximar duas pessoas reais que se conheceram on-line. Desta maneira, o Messenger passa a ser mais uma forma de contato e não apenas a única."[1]

VIVÊNCIA

A internet não é um espaço sem lei. Também ali deve ser o lugar de testemunhar a fé e de cultivar os valores que queremos assumir. Vamos levantar ideias e estratégias que podem nos ajudar a fazer amigos virtuais de forma responsável e cristã.

Dicas de uso

"Na internet, você nunca sabe ao certo com quem está falando. Muitas pessoas se passam por crianças, quando na verdade são adultos.

Nunca divulgue informações sobre a sua vida, como sobrenome, número de telefone, endereço, escola em que estuda. Desconfie daqueles que querem saber muito sobre você.

Lembre-se de que qualquer coisa que você escrever ou enviar por e-mail pode ser reenviada a outras pessoas. Portanto, não diga nada que não queira que os outros o ouçam dizer.

Evite marcar encontros via internet ou através de *sites* de relacionamento."[2]

---

[1] BORGA, Juliana. Amizade virtual, benefícios e preocupações. In: *Família Cristã*. São Paulo, março/2008, pp. 20-21.

[2] BORGA, Juliana. Crianças x internet: uma relação delicada. In: *Família Cristã*. São Paulo, janeiro/2008, p. 21.

Unidade IV
Discípulo e testemunha

22º encontro

O estudo

ORAÇÃO

Pode-se rezar o Ofício Divino proposto no anexo incluindo a proclamação de Gn 2,7-9.15 — *O Senhor colocou o ser humano no jardim para o cultivar e guardar.*

Partilha

Deus coloca o seu hálito de vida no ser humano. Significa que ele traz a alma ou espírito de Deus dentro de si. Isto o diferenciará dos demais seres da criação. O Senhor deu-lhe conhecimento da inteligência para que possa cultivar e proteger toda a obra criada. O desenvolvimento da inteligência está colocado a favor do ser humano para engrandecer e levar adiante a criação, lembrando-se de que a terra é a nossa casa. Como avaliar o grande progresso tecnológico alcançado em nossa época e ao mesmo tempo nos depararmos com a fome no mundo ou mesmo tanta injustiça social em nosso país? De quem se coloca a serviço a inteligência humana?

REFLEXÃO

Refletir com os perseverantes: para que se estuda? A única finalidade do estudo é conseguir uma profissão para ganhar dinheiro? Por que quando a gente não estuda está pecando? Quem paga as despesas da rede pública estadual e municipal de educação?

O estudo é a forma de exercitarmos a inteligência humana. Nenhum computador se compara ao gênio humano; dele podem nascer novas invenções. Somos portadores de um dom muito precioso: a nossa inteligência. Por isso, vamos exercitá-la para descobrir novos horizontes e abrir uma grande janela para enxergar a vida. O exemplo de Ricardo nos conduz nesta direção.

Ricardo estuda na 8ª série do ensino fundamental; como seus colegas, frequenta diariamente as aulas, mas com um diferencial: ele acredita no estudo. Já foi até premiado com um trabalho de preservação ambiental. Um pequeno córrego de seu bairro tinha suas margens cheias de lixo e de entulho, pois os moradores não o valorizavam minimamente.

Em parceria com mais três colegas, desenhou, a seu modo, o percurso do córrego "Vida Nova", com suas margens protegidas com árvores, ciclovia e calçada para pedestre. Com a ajuda dos professores de geografia e de ciências, destacou a importante função do córrego para a vida do bairro.

Foi criada uma equipe para reivindicar a atenção do poder público da prefeitura da cidade. Foi acionado um vereador, e a associação dos moradores do bairro achou por bem engrossar o coro de reivindicação. A prefeitura, diante dos e-mails, telefonemas e mobilização do bairro, enviou alguns técnicos para fazerem o levantamento de dados para um futuro projeto de revitalização do córrego.

A população parou de jogar lixo e entulho nas margens. A despoluição do córrego e sua proteção eram a conversa preferida de uma pequena rádio comunitária local.

Um ano e meio depois da premiação do trabalho, Ricardo e seus dois colegas viram o desenho e as ideias de seu trabalho irem muito além do papel. Agora, viam concretamente como suas ideias unidas à vontade política da comunidade contribuíram para o bem comum. A vitória era de todos. O ponto de partida foi o estudo sério que pôde transformar e melhorar a vida das pessoas.

Elenque quantas organizações sociais atuaram junto com o projeto do grupo do Ricardo.

Esta história nos ajuda a vencer o preconceito de que só se estuda para tirar nota. Daí nos perguntarmos: *para que estudar?* O estudo nos prepara para exercermos uma profissão que deverá garantir nosso sustento. Se mesmo a gente estudando já é difícil enfrentar o mercado de trabalho, imagine começar a trabalhar sem ele. As profissões que requerem menos especialização e estudo, como *office-boy*, guardador de carros, ajudante ou auxiliar disto ou daquilo... numa primeira etapa da vida valem para conseguirmos condições para financiar e concluir os estudos. Porém, não podemos parar aí, a meta não é essa, vamos fazer o possível para lutar e conseguir concluir um bom curso universitário.

De olho no futuro, é sempre bom já ir escolhendo uma profissão, alimentar o sonho de se formar. Porém, não podemos nos esquecer de que quanto mais alto é o edifício, mais fundas são as suas bases. Estas ficam cobertas pela terra e nos passam despercebidas. Só aparece a grandeza do edifício. Assim, também acontece com as árvores, a beleza da altura de seu tronco e o tamanho de sua copa correspondem à profundidade de suas raízes para buscar água e produzir estabilidade.

O ensino fundamental e médio são as bases de nossa vida profissional e vão garantir as condições mínimas para a concretização do sonho futuro. Estudar nunca é perda de tempo.

VIVÊNCIA

Algumas atitudes que sinalizam se sou ou não amigo dos estudos.

1. Valorizo a escola em que estudo, por isso cuido dos seus ambientes.

2. Respeito e admiro meus professores.

3. Participo das atividades de sala de aula com um bom comportamento.

4. Procuro trabalhar em grupo e fazer boas amizades.

5. Participo das atividades extraclasse promovidas pela escola.

6. Não me descuido das tarefas.

7. Quanto aos trabalhos, sigo as orientações dos professores sem simplesmente copiar e colar textos da internet.

23º encontro

Fé e política

Pode-se rezar o Ofício Divino proposto no anexo incluindo a proclamação do Evangelho a seguir.

Comentarista: *Nos pobres e excluídos, a dignidade humana está profanada. Nos rostos sofredores de nossos irmãos, contemplamos o rosto de Cristo que nos convoca a servi-lo neles.*

Proclamar: Mt 25,31-46 — Todas as vezes que fizestes isso a um destes mais pequenos.

PARTILHA

Na pessoa de Jesus Cristo se cumpre a nova realidade do Reino. Este Reino estabelece uma nova ordem de relações que privilegia o mais fraco, o pobre, o doente, e se realiza em ações concretas de solidariedade, justiça e bem comum. Necessariamente, o amor a Deus passa pelo amor aos outros, são duas faces de uma mesma moeda. Dessa forma, promover o bem comum significa exercer nossa missão de cristãos no mundo, tornar visível o projeto de Deus para humanidade, para o qual todos somos irmãos, filhos de um mesmo Pai.

A fé cristã é transformadora, nos conduz para uma sociedade nova e um mundo sem exclusão, pois esta é a semente do Reino que Jesus inaugurou com a sua vinda entre nós. Jesus, na sinagoga de Nazaré, logo no início de sua vida pública, proclamou a profecia de Isaías: *O Espírito do Senhor está sobre mim, pois ele me ungiu para anunciar a Boa-Nova aos pobres: enviou-me para proclamar a libertação aos presos, e, aos cegos, a recuperação da vista; para dar liberdade aos oprimidos e proclamar um ano de graça da parte do Senhor* (Lc 4,18-19). E, terminada a leitura, concluiu: *Hoje se cumpriu esta passagem da Escritura que acabastes de ouvir* (v. 21).

Comparando esta passagem do Evangelho com a que foi proclamada, concluímos que o Reino não é somente fala ou boas intenções. O Reino de Deus é a ação de Deus que acolhemos em nossa vida e aderimos a esta nova realidade quando promovemos a sociedade nova, isto é, quando os pobres são respeitados e a justiça, juntamente com a solidariedade, se traduz em gestos concretos.

REFLEXÃO

> Iniciar a conversa no grupo com alguns recortes de notícias de corrupção dos políticos. Problematizar se todos os políticos são corruptos; se o cristão deve se interessar pela política. Neste primeiro momento é importante ouvir as intervenções sem interromper.

O contrário da Boa-Nova do Reino é o escândalo da exclusão e da violência na sociedade. Imagine a hipocrisia de pessoas públicas que desviam o dinheiro do povo em benefício próprio. Continuamente, a mídia denuncia os esquemas de superfaturamento de obras públicas que garantem as polpudas comissões; os flagrantes de governadores e deputados escondendo, em meias e cuecas, o dinheiro proveniente de comissões ilícitas; a compra de votos, chamada "mensalão"; o tráfico de influências que faz valer os altos cargos para resolver processos à custa de propinas; o desvio de verbas públicas; a capacidade de montar e equipar hospitais deixando-os abandonados e sem funcionar.

A força do capital não conhece amarras para impedir seus interesses de multiplicação. Por isso, desconhece a preservação do meio ambiente, a necessidade das comunidades... e tenta diminuir a ação controladora do Estado. Este tem o papel de defender o bem comum e a implantação das políticas básicas em favor das populações pobres como saúde, educação, moradia, lazer, transporte e saneamento básico. Para enfraquecer a ação do Estado e ter livre ação, o capital propicia e favorece a corrupção nas esferas políticas.

Em nossa sociedade, há uma urgência de verdadeiros cristãos que assumam a política, com o grande ideal de promover o bem comum, para que o mais pobre tenha seus direitos assegurados.

Uma coisa é certa: quanto mais a população recebe educação, tanto mais politizada ela é. Ao ignorar a discussão política, cai-se exatamente no lugar que candidatos ou políticos de carreira desejam: quanto menor a discussão política sobre as necessidades de um grupo social, tanto mais se diminuem a vigilância e o controle sobre os atos e manobras interesseiras.

"Existem sinais de resistência ao avanço da corrupção em todo o mundo e especialmente no Brasil, onde o próprio povo se mobilizou apresentando propostas de iniciativa popular contra a corrupção eleitoral que resultaram na aprovação da Lei 9.840; pressionando o Congresso a votar leis de responsabilidade fiscal; criando conselhos populares em quase todas as instâncias da administração pública; criando o Grupo de Acompanhamento do Legislativo (GAL); Frentes de combate ao nepotismo;[1] de combate à corrupção eleitoral e as escolas de Fé e Política".[2]

A Lei 9.840, de 29 de setembro de 1999, se aplica a candidatos que usam o poder político ou econômico para a compra de votos. Possibilita cassar o registro ou diploma dos candidatos que doarem, oferecerem, prometerem ou entregarem qualquer bem, vantagem pessoal de qualquer natureza, inclusive emprego ou função ao eleitor ou ainda fizerem uso da máquina administrativa com o objetivo de obter voto.

A democracia é um processo lento, construído continuamente pela participação das pessoas que se organizam e mobilizam a sociedade. Daí a importância de toda a população se interessar pela coisa pública, porque nos afeta diretamente. As grandes questões e os problemas de nossas cidades não se resolvem com a eleição de um homem ou uma mulher para ocupar determinados cargos. Os projetos apresentados pelos candidatos respondem a interesses de grupos sociais e devem ser criteriosamente analisados pelo eleitor.

---

[1] Concessão de privilégios de certos governantes aos seus parentes e familiares; parentelismo.

[2] DIOCESE DE LIMEIRA. *Eleições municipais*; somos chamados a participar! Limeira-SP, s.n., 2008. p. 5.

A Igreja estimula os fiéis, impulsionados pelo Espírito, a participar da vida política. A participação popular, motivada pela fé, pode assumir diferentes formas, desde o interesse pelos problemas sociais, engajamento nas Campanhas da Fraternidade, constituição de escolas de fé e política, mobilizações populares, até a filiação a partidos e a aceitação de cargos eletivos. Urge ampliar a participação popular nos diferentes conselhos de políticas públicas que possibilitam o exercício da cidadania e de controle social, como os conselhos de saúde, educação, criança e adolescente, idosos e muitos outros. A política é a forma sublime de praticar o amor ao próximo.

"O mais importante e decisivo é escolhermos um modelo para governar nossas cidades que seja solidário, participativo e que coloque a pessoa humana em primeiro lugar. É necessário acompanhar os representantes eleitos, numa atitude de colaboração e de cobrança para que os compromissos de campanha sejam cumpridos."[3]

VIVÊNCIA

Explicar que a consciência política não se improvisa, mas nasce no cotidiano de nossa maneira de organizar a vida, daí vem a importância decisória de uma reunião na associação dos amigos do bairro, dos moradores de um edifício ou condomínio; dos Conselhos de Políticas Públicas, como o Conselho Municipal dos Direitos da Criança e do Adolescente (CMDCA).

O compromisso de gerenciar o bem comum, finalidade primeira da política, não acontece por geração espontânea. A educação política se dá a partir das estratégias e relações que os membros de um grupo estabelecem para resolver suas necessidades. Esta comporta vários níveis: o âmbito federal, estadual, municipal — e é gerada principalmente no nível das relações cotidianas.

Em escala menor, todo grupo pode praticar a democracia como exercício de liberdade, porque discute a divisão do poder,

---

[3] Ibid., p. 1.

os interesses das pessoas envolvidas, o respeito à ética na solução das necessidades e as opções políticas escolhidas e eleitas pela maioria. Já constituem uma real educação para a democracia, na vida de uma comunidade ou escola, quando se desenvolvem a participação num Centro Acadêmico, o exercício de liderança de representantes de classe, a preparação de um projeto que envolva a responsabilidade social, a ação voluntária em ONGs...

Na família, a educação política acontece quando se estabelece um clima de diálogo e respeito diante dos pontos de vista diferentes, distribuem-se efetivamente as responsabilidades da casa, buscam-se soluções para o bem de todos...

O primeiro anúncio

24º encontro

Oração

Todos: *Senhor, quero ser ungido(a) pelo Seu Espírito Santo. Unge Senhor todo o meu ser: meu coração, minha mente, meu olhar, minha voz e minhas mãos. Sei que sou pecador(a), por isso peço-lhe perdão de todos os meus pecados: minha falta de amor, de caridade; meus apegos, meus vícios, meu comodismo, minha impaciência, meu orgulho...*

Clamar ao Espírito Santo, com muita fé.

Todos: *Vinde, Espírito Santo, enchei os corações dos vossos fiéis e acendei neles o fogo do vosso amor. Enviai o vosso Espírito e tudo será criado. E renovareis a face da terra.*

Comentarista: *Oremos:*

Ó Deus, que instruístes os corações dos vossos fiéis com a luz do Espírito Santo, fazei que apreciemos retamente todas as coisas segundo o mesmo Espírito e gozemos sempre de sua consolação. Por Cristo, Senhor nosso. Amém!

Reflexão

Iniciar a conversa perguntando como os adolescentes percebem a manifestação de Deus na própria vida. Algum deles já sofreu uma situação de grande perda ou sofrimento? Em que situações ou momentos a manifestação de Deus ficou mais clara.

Deus nos fala por meio da criação, dos acontecimentos de nossa história e por sua Palavra escrita. Precisamos ter atenção e afinar os sentidos para ouvir a Deus e nos darmos conta de seus gestos de amor para com a humanidade. Se andamos num jardim ou numa mata e prestamos atenção às cores, aos pássaros, ao correr das águas, naturalmente nossos sentidos se elevam e nos admiramos pela harmonia e beleza da criação. Os Salmos falam esta linguagem: *Quando olho para o teu céu, obra de tuas mãos, vejo a lua e as estrelas que criaste: que coisa é o ser humano, para dele te lembrares* (Sl 8,4-5a); *Grandes são as obras do Senhor, merecem a reflexão dos que as amam. Suas obras são esplendor e beleza; sua justiça dura para sempre* (Sl 111,2-3).

Com um olhar de fé podemos refletir e perceber as ações de Deus em nossa vida. Necessariamente, não precisa ser um grande acontecimento. Certa vez, o Senhor se manifestou a Elias, o profeta do Antigo Testamento (cf. 1Rs 19,9-18). Elias se pôs de vigia. Primeiramente *veio um vento impetuoso e forte, que desfazia as montanhas e quebrava os rochedos, mas o Senhor não estava no vento* (v. 11); depois um terremoto, um fogo e depois *ouviu-se o murmúrio de uma leve brisa* (v. 12), aí Elias percebeu a passagem do Senhor. Sem muitos alardes comuns nos grandes momentos, mas como a brisa mansa que cai sem fazer ruído, o Senhor se manifesta em nossa vida e deixa as suas marcas.

Para nós, cristãos, a grande manifestação de Deus é o seu Filho único. Constituído Senhor de toda a criação que veio a este mundo e assumiu a nossa pobreza humana, fazendo-se igual a nós em tudo, menos no pecado. Eis a grande novidade: Jesus Cristo morreu para nos salvar, ressuscitou e está sentado à direita de Deus Pai. Ele envia o Espírito Santo para nos recriar e nos dar a vida nova! Ele é o princípio e o fim de tudo.

A fé, cultivada na oração e na escuta da Palavra, nos predispõe para ver as coisas de um modo diferente! Sobretudo, passamos a viver unidos a Jesus Cristo, que nos dá uma grande alegria e uma enorme força para lutar buscando sempre o essencial em nossa vida. A Palavra viva, Jesus Cristo, gera sentido de vida, otimismo e esperança porque nos ama, nos revela o amor do Pai e é realização desse amor ao entregar sua vida por nós. Jesus Cristo é a Boa-Notícia do Pai para nós.

Assim como os discípulos de Emaús, que, depois de se encontrarem com Cristo, voltaram correndo para Jerusalém, é impossível ficarmos parados depois que tomamos consciência de sua presença em nossa vida. Quando temos uma grande notícia, não podemos ficar quietos; temos que encontrar os amigos, o pessoal de casa, para logo poder contar a novidade. O Evangelho é Boa-Nova de salvação para todo aquele que crê. Assim, com Pedro e João, dizemos: *Não podemos deixar de falar sobre o que vimos e ouvimos!* (At 4,20).

A Igreja pede a todo cristão, em razão do seu Batismo, que seja anunciador e testemunha da vida, da missão e da salvação eterna que Jesus Cristo nos oferece. Não podemos ter receio de conhecer o Cristo, o Messias, e apresentar aos colegas nossa experiência de vida nova que nasce da fé e da nossa conversão. Convivemos com Jesus ressuscitado como Salvador, o Senhor da vida, que nos revela o Pai e nos dá o Espírito Santo, para a transformação do mundo.

"O poder do Espírito e da Palavra contagia as pessoas e as leva a escutar Jesus Cristo, a crer nele como seu Salvador, a reconhecê-lo como quem dá pleno significado a suas vidas e a seguir seus passos."[1]

Antes de ser uma obrigação ou apenas o cumprimento de alguns preceitos ou mandamentos, viver a fé cristã é a maior alegria que o coração humano pode alcançar. Significa, antes de tudo, ter encontrado a pérola preciosa do Reino, sentir-se amado pelo Pai, salvo em Cristo e fortalecido pelo Espírito Santo.

Hoje, há uma imensa propaganda de fé, que apresenta muitos caminhos e gera a dúvida sobre quem devemos seguir. Faz-se urgente o anúncio destemido e testemunhal do Senhor Jesus, como salvador e libertador. O *Evangelho é a força salvadora de Deus para todo aquele que crê* (Rm 1,16).

---

[1] Documento de Aparecida, n. 279.

VIVÊNCIA

O que você anunciaria como Boa-Nova que Jesus proporcionou a você e agora oferece para o seu irmão(ã)? Há que anunciar de tal maneira, que quem nos escute sinta este Deus verdadeiro e vivo caminhando conosco no presente, tornando eficaz a salvação ao crente e convertido, por meio do dom do Espírito Santo.

Quando a Igreja pede que sejamos discípulos, é para que tenhamos coragem de ir ao encontro das pessoas e saber de suas reais necessidades, ouvindo-as, sugerindo caminhos, e, acima de tudo, amando-as e nos colocando a serviço.

Não se trata só de falar a verdade de fé. Antes, trata-se de apresentar um estilo de vida, uma postura, um modo de ser no mundo, em que se demonstra a fé na qual cremos, celebramos e estabelecemos relações com o próximo.

Testemunho de Joelina Barros de Araujo[2]

No dia primeiro de agosto de 1973, a convite do Pe. João Seu, eu disse sim ao chamado de Deus para ser catequista. Ainda não sei o motivo que me fez aceitar o convite.

O trabalho catequético não é fácil e nem um mar de rosas, porque está direcionado às pessoas, o que requer muito cuidado; pois são como pedras preciosas que necessitam ser lapidadas para obter o brilho e o verdadeiro valor. Mas vale a pena trabalhar com elas porque é Jesus Cristo que caminha conosco e nos dá uma alegria tão grande que nem sentimos os sofrimentos.

Durante os três primeiros anos, sempre dizia que no ano seguinte não ia querer mais saber de catequese, mas no início do novo ano acabava me apresentando para trabalhar.

No quarto ano, disse o "sim" definitivo: serei catequista até o dia em que Deus me permitir. Aqui estou muito feliz e realizada com trinta e seis anos de caminhada catequética na paróquia Catedral do Sagrado Coração de Jesus de Porto Velho em Rondônia. Se pudesse voltar no tempo, começaria tudo novamente.

---

[2] Testemunho colhido pela Ir. Maristela Wiltrudes Martins, catequista franciscana, em outubro de 2009.

Ser catequista é dizer sim ao chamado de Deus, é renunciar ao velho projeto humano, para aceitar o novo projeto de vida de Jesus Cristo: viver fazendo a vontade de Deus e servir ao próximo anunciando a Boa-Nova de Jesus Cristo não somente com as palavras, mas com o bom exemplo de vida.

Durante vinte anos catequizei crianças, adolescentes e jovens, e agora faz dezesseis anos que catequizo adultos, mas esta catequese é um pouco diferente daquela tradicional formada por um grupo de pessoas e com horário fixo nos sábados ou domingos; esta é individual. As pessoas que por diversos motivos ainda não foram iniciadas na fé e de repente sentem falta dos sacramentos e vontade de se aprofundar no conhecimento da Palavra de Deus se apresentam ao pároco e combinam comigo o dia e a hora que poderão participar da catequese. De minha parte, coloco todas as horas do dia à disposição de Deus. Por isso, no horário que eles marcam estou esperando, das sete da manhã às sete da noite.

Os catequizandos adultos são muito importantes, são meus amigos, com quem posso conversar e refletir a Palavra de Deus. Sinto-me muito feliz e empolgada com este trabalho maravilhoso e esta missão sublime que é ser catequista.

Estou com setenta e quatro anos de idade, mas não tenho cansaço e nem desânimo; pelo contrário, cada dia sinto mais vontade de trabalhar, porque o mundo está passando por uma grande transformação.

25º encontro

Musimensagem

Ouvir atentamente a música com a letra nas mãos.

Balada por um reino
Pe. Zezinho, scj. CD Pe. Zezinho. *Histórias que conto e canto.*

Por causa de um certo reino, estradas eu caminhei
Buscando, sem ter sossego, o reino que eu vislumbrei
Brilhava a estrela d'alva e eu quase sem dormir
Buscando este certo reino e a lembrança dele a me perseguir

Por causa daquele reino, mil vezes eu me enganei
Tomando o caminho errado, errando quando acertei
Chegava ao cair da tarde, e eu quase sem dormir
Buscando este certo reino e a lembrança dele a me perseguir

Um filho de carpinteiro que veio de Nazaré
Mostrou-se tão verdadeiro, pôs vida na minha fé
Falava de um novo reino, de flores e de pardais
De gente arrastando a rede, que eu tive sede da sua paz

O filho de carpinteiro falava de um mundo irmão
De um Pai que era companheiro; de amor e libertação
Lançou-me um olhar profundo, gelando o meu coração
Depois me falou do mundo, e me deu o selo da Vocação

Agora quem me conhece, pergunta se eu encontrei
O reino que eu procurava, se é tudo o que eu desejei
E eu digo pensando nele: no meio de vós está
O reino que andais buscando, e quem tem amor compreenderá
Jesus me ensinou de novo as coisas que eu aprendi

Por isso eu amei meu povo e o livro da vida eu li
E em cada menina moça, em cada moço e rapaz
Eu sonho que a minha gente será semente de eterna Paz.

REFLEXÃO

A encarnação de Jesus, o Filho de Deus, inaugura um novo tempo. Deus se revela em seu Filho. Agora a salvação entrou no mundo e vivemos a vida da graça. Fomos reconciliados e usufruímos uma realidade que ultrapassa as fronteiras deste dia, mês e ano. Convergem passado, presente e futuro, pois o tempo está maduro e completo, e temos acesso às últimas realidades: a salvação que Cristo nos veio trazer. Nada pode ultrapassar esta realidade.

A absoluta novidade do maior acontecimento de todos os tempos é definitiva e transformadora, como diz Mc 1,15: *Completou-se o tempo, e o Reino de Deus está próximo. Convertei-vos e crede na Boa-Nova.*

Jesus é o Filho de Deus que veio nos revelar a bondade e a misericórdia do Pai, num mundo dominado pelo pecado e por todas as suas consequências de maldade e violência. Ele é o Cordeiro de Deus, aquele que tira o pecado do mundo (cf. Jo 1,29).

O reinado de Jesus se contrapõe à inveja do mundo que privilegia os fortes e poderosos e cultua a fama e as aparências. Por isso, ele diz a Pilatos: *Meu Reino não é deste mundo* (Jo 18,36a), pois o Reino de Deus é pleno na Jerusalém celeste, Igreja gloriosa, onde se encontram os que foram salvos. Mas o Reino já se faz presente entre aqueles que lhe fazem caso e procuram viver segundo o jeito que Jesus agiu nesse mundo. Por isso, Jesus diz: *O Reino está no meio de vós* (Lc 17,21). E na oração do Pai-nosso, Jesus nos ensina a apressar a sua vinda, para que seja cada vez mais pleno neste mundo: *Venha o teu Reino* (Lc 11,2). E clamamos na celebração eucarística: *Anunciamos tua morte e proclamamos tua ressurreição, vem, Senhor Jesus — maranathá* (Ap 22,20).

De que maneira podemos encontrar o Reino? Vamos olhar para o modo como Jesus agia, para sua prática de vida como Mestre. Jesus vive o despojamento de si mesmo, enxerga as reais intenções do coração daqueles que estavam a sua volta e não se incomoda com as leis dos grandes e dos letrados. É o Messias esperado que veio libertar os oprimidos e inaugurar o *Reino de Deus [, que] é justiça e paz e alegria no Espírito Santo* (Rm 14,17).

> Jesus passou fazendo o bem, veio para dar vida, e vida em abundância (cf. Jo 10,10). Colocou-se ao lado dos indefesos, dos marginalizados, dos oprimidos e até dos estrangeiros e dos pecadores. Emprestou-lhes a voz, transmitiu força messiânica e a misericórdia do Pai. Com isso agiu contra a marginalização e combateu um sistema de profunda exclusão social, econômica, política e religiosa.
>
> Seu coração misericordioso e compassivo estava em profunda sintonia com o sofrimento do povo empobrecido, o qual aprendeu a ver nele uma novidade em pessoa (cf. Lc 4,18).[1]

A realidade do Reino e a prática missionária de Jesus mostram uma forma de vida e de atuar no mundo. Alguns são capazes de se encantar com ela, outros de ignorá-la, quando não de rejeitá-la.

A canção destaca a busca daquele que sonha com um mundo diferente, que não seja somente comer, beber, se divertir, vestir roupa de marca... Mostra a inquietude, própria de quem aspira algo diferente, capaz de preencher o coração humano. Alguém que busca incansavelmente algo novo que dê sentido para a sua vida.

O encontro com o Filho do carpinteiro foi decisivo, deu referência e resposta à sua procura. Pois lhe "falava de um mundo irmão/ de um Pai que era companheiro; de amor e libertação". Este encontro incluiu o chamado — o selo da vocação, para que, de agora em diante, seja considerado cidadão do Reino, capaz de praticar a justiça, a paz, a solidariedade e acolher a vida nova que vem do Espírito.

---

[1] CNBB. *Exigências evangélicas e éticas de superação da miséria e da fome.* São Paulo, Paulinas, 2002. nn. 27-28. (Documentos da CNBB, n. 69.)

O resultado da busca deve se traduzir em obras que demonstram a chegada do Reino e apressam a sua vinda para que seja cada vez mais pleno entre nós, e só "quem tem amor compreenderá".

O que significa o Reino de Cristo para você? Quem são aqueles que rejeitam o Reino? Identifique alguns traços do Reino no mundo de hoje.

Ouvir novamente a música.

26º encontro

Seguidores do Reino

ORAÇÃO

Rezar o Ofício Divino do anexo com a leitura bíblica: Mc 1,16-20 — Vocação dos primeiros discípulos.

Partilha da Palavra

O substantivo "vocação" vem do verbo latino *vocare*, que significa "chamar". A Igreja utiliza esta palavra para explicar o chamado que Jesus fez às margens do mar da Galileia a Simão, André, Tiago... Hoje, ele chama pessoalmente os seus discípulos para o seguirem. Os primeiros discípulos eram pescadores, viviam à beira-mar e Jesus lhes chamou para serem pescadores de pessoas. Hoje, Jesus chama a cada um e lhes dá uma missão muito própria e pessoal.

Lembremos que fundamentalmente a vocação nasce do encontro com o Mestre. A iniciativa é dele, e sua Palavra arde em nós porque é o Espírito Santo quem age através dela. De nossa parte, cabe-nos permanecer atentos para ouvir a voz do Mestre que nos fala por sua Palavra na Bíblia e também pelos acontecimentos de nossa vida.

REFLEXÃO

Na Igreja, existem homens e mulheres que se encantaram definitivamente com o Evangelho. Entenderam o chamado, a mensagem e a missão de Jesus como a razão de ser de suas vidas. Estas pessoas se juntaram em comunidades de fé para atuarem numa missão comum; formam as comunidades religiosas femininas ou masculinas. Eles(as) deixaram tudo para seguir Jesus Cristo. Nas comunidades masculinas, alguns membros são irmãos e outros são presbíteros (padres).

Essas comunidades seguem o espírito ou carisma de um(a) fundador(a), que viveu uma intensa experiência espiritual com Cristo capaz de originar um trabalho específico na Igreja no campo da educação, dos pobres, dos jovens, da saúde, da evangelização, da catequese, da comunicação...

"Você também pode se surpreender com o desejo de seguir Jesus de forma mais próxima e, por que não dizer, mais radical. Se esta é a sua realidade atual, nada mais apropriado do que um bom discernimento vocacional. "Discernir" quer dizer "conhecer distintamente", "avaliar bem", "estabelecer diferença", "distinguir".

Ler com atenção Lc 18,18-25.

O discernimento caracteriza toda a vida cristã. No encontro com o jovem líder judeu, Jesus é interpelado: *Bom Mestre, o que devo fazer para conseguir a vida eterna?* (Mt 19,16) Na sequência desse diálogo é possível perceber que o discernimento que teve início com essa pergunta profunda, porém simples, tem um desfecho fortemente influenciado pelas escolhas pessoais do jovem. Este, consciente das exigências do seguimento de Jesus, reage com tristeza, pois, segundo narra o texto bíblico, era muito rico. Para ele, o discernimento consistia em continuar desfrutando das riquezas conquistadas ou abandoná-las em nome do seguimento de Jesus.

Vemos que o processo de discernimento se dá em um ambiente de abertura e diálogo, verdade e liberdade diante do que somos e temos e diante do que Jesus é e nos propõe.

Vivência

Existem algumas atitudes fundamentais a serem desenvolvidas para dar início e prosseguimento ao discernimento vocacional: olhar com especial atenção as realidades sofridas do povo; participar da vida da Igreja nas Missas, em suas iniciativas sociais e missionárias; conhecer as diferentes vocações — vida matrimonial, leiga consagrada, vida religiosa consagrada, sacerdotal —; participar de retiros e encontros vocacionais e, principalmente, procurar uma pessoa habilitada para fazer um itinerário espiritual. Um intermediário que ajude o adolescente a discernir os sinais de Deus e a descobrir qual a maneira mais apropriada para acolher a ação amorosa de Deus em sua vida. Essa pessoa pode ser o padre da paróquia, alguém da equipe de Pastoral Vocacional....[1]

Testemunho vocacional

"A pessoa deve seguir sua vocação. Porque somente neste caminho poderá encontrar a felicidade" (Bem-aventurado Tiago Alberione).

"Vem e segue-me!" Estas palavras de Jesus sempre me inquietaram. Por um lado sentia-me chamada a segui-lo totalmente, dedicar com radicalidade pelo Evangelho. Mas, por outro lado sempre tive medo e a constante dúvida: será que é isso mesmo que Deus quer de mim?

Minha família sempre foi muito religiosa, o que me permitiu viver em um lar onde a fé sempre vinha em primeiro lugar. Sempre participei de minha comunidade paroquial atuando em diversos movimentos e atividades pastorais. Porém, sempre tinha dentro de mim o desejo de que aquilo que eu fazia não me bastava, desejava dedicar minha vida totalmente a Deus.

A possibilidade de entrar para a vida religiosa era algo que me encantava. Lembro-me de um dia em que o padre em sua homilia falou da importância da vocação missionária; logo me vi andando pelo mundo, falando de Deus a todas as pessoas, especialmente os mais pobres. Todavia, em minha cidade e nas cidades vizinhas da região não havia irmãs que morassem ali. Eu possuía apenas algumas revistas do Santuário de Aparecida que traziam alguns endereços de congregações, mas nunca tive coragem de escrever. Eu, em minha oração, somente pedia a Deus que, se fosse de sua vontade que eu me tornasse uma religiosa, ele me indicasse o caminho.

---

[1] Reflexão adaptada: ROCHA, Jucelene. Opção vocacional, guia para um bom discernimento. In: *Revista Família Cristã — Guia Vocacional*, São Paulo, janeiro/2010, pp. 2-3.

Em minha família, todas as quartas-feiras tínhamos o costume de ouvir pelo rádio a novena de Nossa Senhora do Perpétuo Socorro, que acontecia em uma cidade vizinha. Em uma das novenas ouvi uma irmã Paulina. Eu nunca havia ouvido uma irmã falar pelo rádio e daquela forma, com tanta unção. A irmã, no final de suas palavras, convidou as jovens que desejassem conhecer mais a vida religiosa e que quisessem discernir a sua vocação que fossem falar com ela. Senti que aquele convite era para mim. Era Deus que me dava um sinal do que ele desejava para minha vida.

As irmãs Paulinas estavam fazendo uma Missão Bíblica nesta cidade que ficava a aproximadamente 50 quilômetros de minha cidade. E eu tinha que ir até lá. Conversei com minha mãe e ela me apoiou, porém disse que eu deveria consultar meu pai. Aí a história foi bem diferente. Meu pai, por mais religioso que era, não me apoiou muito, dizendo que ainda era nova para sair de casa, e que esperasse até os vinte anos. Naquele momento eu tinha dezesseis, e quatro anos pareciam uma eternidade. Mas, mesmo sem concordar totalmente, acabou me levando para conhecer as irmãs.

Fui até as irmãs e partilhei com elas o meu desejo de seguir a Jesus. Até aquele momento eu não entendia muito a respeito dos carismas diversos das congregações, eu só sabia que queria ser irmã para me dedicar totalmente a Deus. Quando a irmã me explicou que a missão das irmãs Paulinas era evangelizar com a comunicação, aquilo me trouxe uma grande alegria, pois eu achava que as irmãs trabalhavam somente em hospitais e com crianças, e o meu desejo era levar a Palavra de Deus a todos.

Depois de um ano de acompanhamento vocacional e discernimento, entrei para a congregação e isso já faz 15 anos. Sou muito feliz como religiosa e não me arrependo de ter dito "sim" ao chamado de Jesus. Minha irmã mais nova, sentindo o mesmo chamado, também entrou para a congregação. Para meus pais isso foi muito difícil também, pois só somos três filhas. Mas apesar de todas as dificuldades e sofrimentos que eles passaram, hoje dizem que são os pais mais felizes do mundo.

(Ir. Rosa Maria, Filha de São Paulo)

27º encontro

Mãe e discípula

ORAÇÃO

Comentarista: *O anjo do Senhor anunciou a Maria.*

Todos: *E ela concebeu do Espírito Santo.*

Comentarista: *Eis aqui a serva do Senhor.*

Todos: *Faça-se em mim segundo a tua palavra!*

Comentarista: *E o Verbo Divino se fez carne.*

Todos: *E habitou entre nós!*

Todos: *Ave Maria...*

Comentarista: *Rogai por nós, Santa Mãe de Deus.*

Todos: *Para que sejamos dignos das promessas de Cristo.*

Proclamar: Lc 1,26-38 — Anunciação a Maria.

Primeira cristã
Pe. Zezinho, scj. CD Pe. Zezinho. *Palavras que não passam.*

Primeira cristã, Maria da luz
Sabias, ó Mãe, amar teu Jesus
Primeira cristã, Maria do amor
Soubeste seguir teu Filho e Senhor
Nossa Senhora dos milhões de luzes

Que meu povo acende pra te louvar
Iluminada, iluminadora
Inspiradora de quem quer amar
E andar com Jesus

Primeira cristã, Maria do lar
Ensinas, ó Mãe, teu jeito de amar
Primeira cristã, Maria da paz
Ensinas, ó Mãe, como é que Deus faz

Primeira cristã, sempre a meditar
Vivias em Deus, sabias orar
Primeira cristã, fiel a Jesus
Por todo lugar, na luz e na cruz.

REFLEXÃO

A canção destaca o fato de a Mãe tornar-se discípula do Filho. É chamada de primeira cristã porque foi descobrindo aos poucos que seu filho não era somente humano, mas tinha a natureza divina. Quando veneramos a santidade de nossa Mãe exaltamos sua glorificação e nos esquecemos de que ela também trilhou o caminho da fé, foi peregrina, pois descobriu quem era Jesus, entre as incertezas dos acontecimentos conturbados que o Filho protagonizou em confronto com a Lei, os sacerdotes e os fariseus.

"Jesus nos ensina que o seu seguidor necessita desenvolver algumas atitudes básicas: *O que caiu em terra boa são aqueles que, ouvindo com um coração bom e generoso, conservam a Palavra e dão fruto pela perseverança* (Lc 8,15).

Assim, três palavras-chave resumem a condição de ser discípulo de Jesus: *ouvir, guardar, frutificar*. Com esse molde nas mãos, Lucas vai pintar os traços da figura de Maria. Mostra que ela tem exatamente as qualidades que caracterizam o seguidor de

Jesus. Maria ouve a Palavra de Deus com fé, guarda no coração e a põe em prática."[1]

Maria acolhe a proposta de Deus (Lc 1,26-38)

Maria é o solo bom e fecundo que faz a semente germinar, primeiramente em seu coração e depois em seu ventre. Recebe o anúncio do anjo, saudando-a como "cheia de graça" e recomendando que não tivesse medo de conceber e dar à luz o Filho de Deus. Maria conversa com o anjo perguntando como seria isso, pois não tinha relação com nenhum homem. O anjo lhe diz que o Espírito Santo desceria sobre ela e que para Deus nada era impossível.

Maria, sem hesitar, responde "sim" ao projeto do Pai. "O seu 'sim' ecoa forte e sem dúvidas, cheio de generosidade. Disponível a Deus, Maria une a liberdade com a vontade: *Eis aqui a serva do Senhor. Faça-se em mim segundo a tua palavra* (Lc 1,37). Essa entrega do coração a Deus tem um nome muito simples: 'fé'. Significa arriscar-se e jogar-se nas mãos do Senhor com confiança. Na visita a Isabel, essa lhe diz: *Feliz aquela que acreditou, pois o que lhe foi dito da parte do Senhor será cumprido* (Lc 1,45).

Maria não somente ouviu, mas escutou a palavra, acolheu-a no coração. Abriu seu espaço interior, deixou Deus entrar. Saiu de si e investiu sua vida num grande projeto, a que se sentiu chamada. Lucas nos apresenta Maria como a primeira discípula cristã. Com a anunciação, ela inicia um longo caminho de peregrinação na fé, acolhendo o apelo de Deus. Aceita a proposta do Senhor com o coração aberto, num grande gesto de generosidade e de fé".[2]

Maria guarda a Palavra no coração (Lc 2,19.51)

"Por duas vezes, Lucas diz que Maria *guarda no coração os acontecimentos e procura descobrir o seu sentido*. Na primeira vez, depois do nascimento de Jesus (cf. Lc 2,19). Ela está contente e surpresa, como toda jovem mãe. Deve ter olhado seu bebê e

---

[1] MURAD, Afonso. *Maria, toda de Deus e tão humana*. São Paulo, Paulinas/Siquem, 2004. pp. 33-34 (Livros básicos de teologia, n. 8.2.)

[2] Ibid., p. 35.

amamentado-o com carinho. O menino Jesus está envolvido em panos e deitado no local onde o gado se alimenta. Então eles recebem a visita dos pastores. Quanta coisa para pensar, para meditar, para descobrir o sentido. O que vai ser desse menino, como educá-lo bem, de que maneira amá-lo...

Na segunda vez, o menino está crescido. É adolescente, um rapazinho com seus doze anos. Curioso, cheio de iniciativa, ousado, Jesus se encontra no templo, conversando com os doutores. Ouve e questiona. Já antecipa, com esse gesto, o que vai fazer bem mais tarde. Diz uma frase que Maria e José não compreendem: *Não sabíeis que eu devo estar naquilo que é de meu Pai?* (Lc 2,46-49). Maria, mesmo sem entender, guarda no coração. Pensa, reflete, medita, procura o sentido. Conserva a lembrança dos fatos. Faz memória (cf. Lc 2,51).

Quando o evangelista põe duas vezes essa mesma atitude, no começo e no fim da 'vida familiar' de Jesus, quer dizer que *era algo constante em Maria*. Ela cultivava um hábito, um jeito de ser. Maria vive um dos traços marcantes da espiritualidade do povo da Bíblia: a memória, a recordação. A Escritura judaica continuamente apela para que, recordando o passado, tenhamos gravado na mente e no coração como Deus fez maravilhas pelo seu povo, escolheu-o e deu-lhe uma missão (cf. Dt 4,32-40)."[3]

Maria, a discípula que dá bons frutos (Lc 1,42-45)

"Lucas nos conta que, logo depois da anunciação, Maria sai às pressas visitar sua parenta Isabel. Parte de Nazaré, na Galileia, para outra região, a Judeia, distante dali no mínimo 50 quilômetros. Leia o relato de Lc 1,39-45, que tem muitos elementos simbólicos.

Talvez Lucas não tivesse clara essa intenção, mas o povo, ao ler o texto da visitação, descobre que Maria é missionária. Transbordando da graça de Deus, não quer retê-la para si. Vai partilhar com sua parenta, de idade avançada, que está grávida e necessita de cuidados. Discretamente, ela já leva Jesus para os outros. Isabel sente logo o resultado. João Batista se movimenta

---

[3] Ibid., p. 36.

dentro dela. Quando se saúdam e se abraçam, o Espírito Santo inunda o ambiente e elas transbordam de alegria. Maria está cheia de Deus. Isabel também. Nessas duas mulheres grávidas se encontram, em semente, seus filhos João Batista e Jesus. Já estão, lado a lado, o precursor e o Messias, o que prepara e o que realiza a Boa-Nova, o profeta de Deus e o Filho de Deus."[4]

"Qual é a principal característica de Maria, segundo Lucas? Ela encarna com fé a Palavra de Deus. Guarda-a no coração e a coloca em prática, dando muitos frutos. Esses são também os traços básicos de todo o discípulo de Jesus. Pela sua fé, Maria é o exemplo do cristão, seguidor e aprendiz do Senhor. Em Maria, a fé se traduz em ser mãe, educadora e discípula de Jesus. Mas sua importância não reside, em primeiro lugar, na maternidade. E sim na fé, compromisso radical e inteiro a Deus e ao seu projeto."[5]

VIVÊNCIA

"Como Maria, nós também recebemos um apelo divino. Temos na lembrança alguma ocasião na vida na qual Deus nos tocou de forma especial. Um retiro, um encontro, conhecer uma pessoa, conseguir uma vitória almejada, superar o sofrimento. Situações na qual sentimos que Deus nos comunicou algo novo, original, forte, que mudou para melhor nosso caminho de vida. A anunciação a Maria nos lembra que somos também agraciados por Deus, que ele está conosco, que nos chama a uma missão, e que sua presença produz alegria em nós. A vocação de Maria é como um espelho para a vocação cristã. Olhando para ela, a gente se vê melhor, enquanto discípulo e seguidor de Jesus."[6]

---

[4] Ibid., p. 39.
[5] Ibid., p. 41.
[6] Ibid., p. 35.

28º encontro

Renovação das promessas batismais

Para concluir esta etapa de amadurecimento da fé, sugerimos que catequistas, pais ou responsáveis e perseverantes renovem solenemente as promessas batismais. Possivelmente, este ato seja realizado numa Missa dominical após a homilia ou, então, numa celebração da Palavra preferencialmente presidida pelo pároco. Os números laterais das orações são do *Ritual de Iniciação Cristã dos Adultos*.

ORAÇÃO SOBRE A ÁGUA

349. **Quem preside**, voltado para a fonte, diz a seguinte oração de bênção sobre a água:

Bendito sois vós, Deus, Pai todo-poderoso,

que criastes a água para purificar e dar vida.

Todos: *Bendito sois vós para sempre (ou outra aclamação apropriada).*

Quem preside:

Bendito sois vós, Deus, Filho unigênito, Jesus Cristo,

que fizestes jorrar água e sangue do vosso lado,

para que, de vossa morte e ressurreição, nascesse a Igreja.

Todos: *Bendito sois vós para sempre.*

Quem preside:

Bendito sois vós, Deus, Espírito Santo,

que ungistes o Cristo batizado nas águas do Jordão,

para que em vós todos fôssemos batizados.

Todos: *Bendito sois vós para sempre.*

Quem preside:

Assisti-nos, Senhor, único Pai,

e santificai esta criatura água, para que, nela batizados,

os homens e as mulheres sejam purificados do pecado

e recebam a nova vida dos filhos de vossa adoção.

Todos: *Senhor, atendei a nossa prece (ou outra invocação apropriada).*

Quem preside:

Santificai esta criatura água,

para que se tornem conformes à imagem de vosso Filho

os que por ela são batizados na morte e ressurreição do Cristo.

Todos: *Senhor, atendei a nossa prece.*

Quem preside toca a água com a mão direita e continua:

Santificai esta criatura água,

para que renasçam no Espírito Santo

e se incorporem ao vosso povo santo aqueles que escolhestes.

Todos: *Senhor, atendei a nossa prece.*

O povo aclama:

Fontes do Senhor, bendizei o Senhor!

Louvai-o e exaltai-o para sempre!

353. A **renúncia** e a **profissão de fé** são partes de um só rito. A palavra "renunciar" pode ser substituída por outra expressão equivalente, como: lutar contra, deixar de lado, abandonar, combater, dizer não, não querer.

Cada criança e os adultos presentes se dirigem ao círio para acender sua vela.

Quem preside:

Prezados pais, catequistas, familiares e crianças, pelo mistério pascal fomos no Batismo sepultados com Cristo para vivermos com ele uma vida nova. Quando fomos batizados, não pudemos consentir com nossa própria voz ao dom da fé que estávamos recebendo. Hoje, terminado este período de aprofundamento da fé, renovemos as promessas do nosso Batismo, pelas quais renunciamos às obras más e prometemos servir a Deus na Igreja.

A palavra "renunciar" pode ser substituída por outra expressão equivalente, como: lutar contra, deixar de lado, abandonar, combater, dizer não, não querer.

Quem preside interroga ao mesmo tempo todos os eleitos:

Para viver na liberdade dos filhos de Deus,

vocês renunciam ao pecado?

R. *Renuncio.*

Quem preside:

Para viver como irmãos,

vocês renunciam a tudo o que causa desunião?

R. *Renuncio.*

Quem preside:

Para seguir Jesus Cristo, vocês renunciam ao demônio,

autor e princípio do pecado?

R. *Renuncio.*

ENTREGA DA LUZ

360. **Quem preside**, tomando ou tocando o círio pascal, diz:

Aproximem-se os padrinhos e madrinhas, para entregar a luz aos que renasceram pelo Batismo.

Os pais, catequistas e crianças aproximam-se, acendem uma vela no círio pascal. Depois disso, **quem preside** diz:

Deus tornou vocês luz em Cristo. Caminhem sempre como filhos da luz, para que, perseverando na fé, possam ir ao encontro do Senhor com todos os Santos no Reino celeste.

Os batizados:

Amém.

PROFISSÃO DE FÉ

Quem preside:

Crês em Deus Pai todo-poderoso, criador do céu e da terra?

R. *Creio.*

Quem preside:

Crês em Jesus Cristo, seu único Filho, nosso Senhor, que nasceu da Virgem Maria, padeceu e foi sepultado, ressuscitou dos mortos e subiu ao céu?

R. *Creio.*

Quem preside:

Crês no Espírito Santo, na santa Igreja Católica, na comunhão dos santos, na remissão dos pecados, na ressurreição dos mortos e na vida eterna?

R. *Creio.*

Quem preside:

Esta é a nossa fé, que da Igreja recebemos e sinceramente professamos, razão de nossa alegria em Cristo, nosso Senhor.

O sacerdote asperge o povo com a água benta, enquanto todos cantam. Segue-se a oração dos fiéis da Missa ou da Celebração da Palavra, que se concluirá com o Pai-nosso e a bênção final.

Anexos

Toda Escritura é inspirada por Deus e é útil para ensinar, para argumentar, para corrigir, para educar conforme a justiça. Assim, a pessoa que é de Deus estará capacitada e bem preparada para toda boa obra (2Tm 3,16-17). Nada substitui a graça da conversão que um coração experimenta ao beber da fonte da Palavra. Jesus lia a Palavra, como na sinagoga em Nazaré (cf. Lc 4,16-17). Rezava os Salmos (cf. Mt 26,30). Constantemente, citava passagens do Primeiro Testamento. Para nós, cristãos, o coração da Revelação está guardado no Evangelho, a Boa-Nova do Reino.

As orações da manhã e da noite são propostas em forma de Ofício Divino, uma maneira antiga de a Igreja rezar. Esta forma de oração é muito bíblica e está baseada na récita ou canto dos Salmos, a chamada "salmodia". Se possível, reze com mais alguém, assim a oração transcorrerá melhor. Na oração da manhã e da tarde, os Salmos, as leituras bíblicas e as preces variam de acordo com o dia da semana. As citações estão indicadas, para que você possa buscá-las na Bíblia.

SALMOS

Temos na Bíblia o Livro dos *Salmos*, que estão numerados de 1 a 150, trazendo as orações do povo de Deus, que ousa erguer sua voz de súplica, lamento, intercessão, arrependimento, louvor e ação de graças nas mais variadas circunstâncias da vida. Cada um dos Salmos reza uma situação particular vivida pelo orante. Às vezes, é um doente que implora cura, ou, então, alguém que efusivamente agradece ou pede perdão por seus pecados.

Essas orações foram escritas aos poucos e sedimentam a experiência de fé do povo de Deus durante suas lutas, fracassos e derrotas. Ao cantá-los, a Igreja, o novo povo de Deus, manifesta sua confiança no Senhor, mesmo sofrendo dificuldades e situações de violência. Os Salmos compõem um livro do Antigo Testamento e para compreendê-los e encontrarmos seu sentido pleno olhamos para Cristo, o Filho único do Pai, que com seu sacrifício na cruz realizou todas as promessas e é capaz de cumprir os anseios das pessoas de todos os tempos. Assim, a chave de leitura de todos os Salmos é Cristo, o orante por excelência que apresenta nossos louvores e súplicas ao Pai. Ele, quando esteve entre nós, rezava os Salmos e várias vezes fez citações deles em sua pregação.

Alguns Salmos estão escritos na primeira pessoa, "eu", pois se dirigem diretamente ao Senhor. Na maioria das vezes, o orante é um personagem coletivo, ou seja, é o próprio povo que reza e agradece em reconhecimento à maravilhosa ação de Deus no destino de sua história, particularmente nos acontecimentos da Páscoa, quando Deus salvou o povo da escravidão do faraó. Nestas orações, o povo manifesta, sobretudo, sua plena adesão ao Senhor e confiança nele, o qual nunca abandonou seus filhos, pois ele, o Deus fiel, fez uma aliança para sempre, conforme diz a própria Bíblia: *Serei o vosso Deus e vós sereis o meu povo!* (Lv 26,12).

É comum a oração bíblica começar pelo louvor ou ação de graças a Deus por sua ação bendita em favor do seu povo ou de uma pessoa, ao reconhecer o universo de graça e bondade divinas que rodeiam o ser humano. Outro movimento nasce da constatação da fragilidade, pequenez humana, e daí advém o pedido de perdão ou de súplica: "Senhor, piedade". Depois, a oração costuma apresentar o seu real pedido em favor do orante, ou do povo.

Este modo de rezar nos educa a considerar a primazia da ação de Deus em nossa vida e a colocar nossos pedidos em segundo lugar. Além disso, somos educados a rezar comunitariamente, pois aprendemos a pedir não somente por nossas necessidades individuais, mas por todos os irmãos, e reconhecemos a ação de Deus sobre a Igreja inteira, que caminha na história conduzida pelo Senhor. Por todos esses motivos, os Salmos ganham precedência em nossa forma de orar e são muito indicados para a oração em grupo.

Para salmodiar:

1. Evite adaptações poéticas ou paráfrases; prefira o texto bíblico.

2. Procure repetir ou cantar em forma de refrão meditativo os versículos que mais chamam a sua atenção.

3. Perceba os sentimentos do salmista e os assuma como próprios.

ORAÇÃO DA MANHÃ

Pelo sinal da santa cruz, livrai-nos Deus, nosso Senhor, dos nossos inimigos. Em nome do Pai, do Filho e do Espírito Santo. Amém.

Abertura

Estes lábios meus, vem abrir, Senhor,
Cante esta minha boca sempre o teu louvor!

Venham, adoremos, Cristo ressurgiu!
A criação inteira, o Senhor remiu.

Venham, canto novo ao Senhor cantar,
Seu nome, ó terra inteira, venham celebrar!

Dia após dia, cantem sua vitória,
Proclamem entre os povos todos sua glória!

Nada são os grandes, tudo é ilusão.
Quem fez os céus merece louvação.

Em seu santuário só se vê beleza,
Tragam-lhe oferendas de nossa pobreza!

Céus e terra dancem de tanta alegria,
Deus com sua justiça nos governa e guia!

Glória ao Pai e ao Filho e ao Santo Espírito.
Glória à Trindade Santa, glória ao Deus bendito!

Aleluia, irmãs, aleluia irmãos!
Povo de sacerdotes, a Deus louvação!

(Texto inspirado no Sl 96)

Recordação da vida

Recordar a vida é trazê-la de volta ao coração. Partilhar experiências e preocupações é tornar a oração mais verdadeira.

Hino

Louvado sejas, meu Senhor,
Por todas as tuas criaturas!

1. Pelo raiar de um novo dia
Despertando a passarada
Para a vida celebrar.

2. Pela mulher que em sua vida
Vem dar força e nos ajuda
A este mundo humanizar.

3. Pelo trabalhador do campo
Que arranca o pão da terra
Pra família sustentar.

4. Pelo operário da cidade
Que caleja sua mão
Tanta coisa a fabricar.

5. Pelas pessoas que se ajuntam
Pra lutar por seus direitos
E a vida melhorar.

Louvado sejas, meu Senhor,
Por todas as tuas criaturas!

Salmo 23

O Senhor é meu pastor
Nada me pode faltar.

1. O Senhor é o pastor que me conduz, nada me falta;
É nos prados da relva mais fresca que me faz descansar;
Para as águas tranquilas me conduz, reconforta a minha alma.

2. Ensina-me os caminhos mais seguros por amor de seu nome;
Passarei os mais fundos abismos sem temer mal nenhum.
Junto a mim teu bastão, teu cajado, eles são o meu conforto.

3. Preparas uma mesa para mim bem à frente do inimigo;
Teu óleo me ungiu a cabeça e minha taça transborda.

4. Viverei a ventura da graça cada dia da vida;
Minha casa é a casa do Senhor e para sempre o há de ser.

5. Glória a Deus presente em toda a terra, que Jesus manifestou;
Ao Espírito, de Deus amor materno, toda a graça e todo o amor.

O Senhor é meu pastor
Nada me pode faltar.

Leitura bíblica

Mt 5,13-16

Vós sois o sal da terra. Ora se o sal perde o seu sabor, com que se salgará? Não servirá para mais nada, senão para ser jogado fora e pisado pelas pessoas. Vós sois a luz do mundo. Uma cidade construída sobre a montanha não fica escondida. Não se acende uma lâmpada para colocá-la debaixo de uma caixa, mas sim no candelabro, onde ela brilha para todos os que estão em casa. Assim também brilhe a vossa luz diante das pessoas, para que vejam as vossas boas obras e louvem o vosso Pai que está nos céus.

Meditação

Silêncio e partilha.

Cântico evangélico

Cântico de Zacarias — Lc 1,68-79

Bendito seja o Senhor, Deus de Israel,
Bendito seja o Deus do povo eleito.

1. Bendito seja o Senhor, Deus de Israel,
porque visitou e libertou seu povo.
Ele fez surgir para nós um poderoso salvador
na casa de Davi, seu servo,
assim como tinha prometido desde os tempos antigos,
pela boca de seus santos profetas:
de salvar-nos dos nossos inimigos
e da mão de quantos nos odeiam.

2. Ele foi misericordioso com nossos pais: recordou-se de sua santa
aliança e do juramento que fez a nosso pai Abraão,
de nos conceder que, sem medo e livres dos inimigos,
nós o sirvamos, com santidade e justiça, em sua presença,
todos os dias de nossa vida.

3. E tu, menino, serás chamado profeta do Altíssimo,
porque irás à frente do Senhor, preparando os seus caminhos,
dando a conhecer a seu povo a salvação,
com o perdão dos pecados, graças ao coração misericordioso
de nosso Deus,
que envia o sol nascente do alto para nos visitar,
para iluminar os que estão nas trevas,
na sombra da morte, e dirigir nossos passos no caminho da paz.

Bendito seja o Senhor, Deus de Israel,
Bendito seja o Deus do povo eleito!

Preces

Nesta manhã bendigamos ao Senhor pelo novo dia, pela criação que se renova e pela vida que nos concede, dizendo:

Bendito seja o Senhor, nosso Deus!

1. Bendito sejas, Senhor, pela terra que produz os alimentos e pelas pessoas que sabem partilhar o fruto de seu trabalho. Rezemos.

Bendito seja o Senhor, nosso Deus!

2. Bendito sejas, Senhor, por todos aqueles que procuram promover a paz e a fraternidade entre os povos. Rezemos.

Bendito seja o Senhor, nosso Deus!

3. Bendito sejas, Senhor, pelos jovens que buscam em ti a luz e o caminho certo para trilharem em suas vidas. Rezemos.

Bendito seja o Senhor, nosso Deus!

Outras preces pessoais.

Pai-nosso

Pai nosso que estais no céu, santificado seja o vosso nome, venha a nós o vosso Reino; seja feita a vossa vontade, assim na terra como no céu. O pão nosso de cada dia nos dai hoje; perdoai-nos as nossas ofensas assim como nós perdoamos a quem nos tem ofendido; e não nos deixeis cair em tentação, mas livrai-nos do mal. Amém.

Ave-Maria

Ave, Maria, cheia de graça, o Senhor é convosco; bendita sois vós entre as mulheres, e bendito é o fruto do vosso ventre, Jesus. Santa Maria, Mãe de Deus, rogai por nós, pecadores, agora e na hora da nossa morte. Amém.

Glória-ao-Pai

Glória ao Pai, e ao Filho e ao Espírito Santo; como era no princípio, agora e sempre. Amém.

Oremos:

Ó Deus, fonte de luz e de vida. Nós te louvamos pela fé que nos infundiste, pela esperança e caridade que colocaste em nosso coração. Caminha conosco hoje e sempre. Por Cristo Jesus, nosso Senhor. Amém.

Bênção

O Senhor nos abençoe e nos guarde!

Amém!

O Senhor faça brilhar sobre nós a sua face e nos seja favorável!

Amém!

O Senhor dirija para nós o seu rosto e nos dê a paz!

Amém!

Bendigamos ao Senhor!

Graças a Deus!

VARIAÇÕES PARA A SEMANA

Terça-feira

Salmo 1 — Feliz quem segue o bom caminho.

Leitura bíblica: Jr 31,31-34 — Imprimirei minha lei em suas entranhas.

Preces:

Nesta manhã rezemos para que a vida seja mais forte que a morte em nossa cidade e em nossa família, supliquemos:

Ouvi-nos, Senhor.

1. Senhor Deus da vida, concede-nos a graça de crescer na alegria de vosso Reino.

Ouvi-nos, Senhor.

2. Senhor Deus da vida, protegei as crianças e jovens de todos os males.

Ouvi-nos, Senhor.

3. Senhor Deus da vida, em meio a tantos sinais de morte, como as drogas, violência e corrupção, fortalecei nossa comunidade, no seu empenho de proteger e cuidar da vida.

Ouvi-nos, Senhor.

Quarta-feira

Salmo 139 — Senhor, tu me conheces.

Leitura bíblica: Ez 36,24-28 — Derramarei sobre vós uma água pura e sereis purificados.

Preces:

Invoquemos a Jesus que, por sua morte e ressurreição, nos concedeu o dom da vida nova no Batismo.

Senhor Jesus, ajudai-nos a crescer na vida nova que recebemos no Batismo.

1. Senhor Jesus, fazei de nós seguidores de vosso caminho.

Senhor Jesus, ajudai-nos a crescer na vida nova que recebemos no Batismo.

2. Senhor Jesus, fazei que todas as pessoas do mundo tenham casa, pão, educação e saúde.

Senhor Jesus, ajudai-nos a crescer na vida nova que recebemos no Batismo.

3. Senhor Jesus, sustentai nossa comunidade na vivência do amor e no serviço a todos.

Senhor Jesus, ajudai-nos a crescer na vida nova que recebemos no Batismo.

Quinta-feira

Salmo 72 — Deus fará justiça aos pobres.

Leitura bíblica: Mc 10,13-16 — Deixai vir a mim as crianças.

Preces:

Invoquemos a Jesus, nosso irmão, para que nos fortaleça com o seu Espírito:

Ouvi-nos, por vosso Espírito.

1. Senhor Jesus, dai-nos a alegria de viver a graça do nosso Batismo.

Ouvi-nos, por vosso Espírito.

2. Senhor Jesus, animai todas as Igrejas cristãs na fé e na prática da justiça.

Ouvi-nos, por vosso Espírito.

3. Senhor Jesus, ajudai-nos a conviver em harmonia e respeito com a natureza e alegrar-nos com as suas maravilhas.

Ouvi-nos, por vosso Espírito.

Sexta-feira

Salmo 118 — O Senhor me libertou.

Leitura bíblica: 1Cor 12,12-13 — Fomos batizados num único Espírito, para formarmos um único corpo.

Preces:

Nesta manhã, recordemos nossa comunhão com Jesus na Eucaristia, e digamos:

Senhor, nosso Deus e Salvador!

1. Ajudai-nos, Senhor, a guardar os vossos mandamentos, para que, pela força do Espírito Santo, permaneçamos em vós e vós permaneçais em nós.

Senhor, nosso Deus e Salvador!

2. Dai-nos a vossa sabedoria eterna, para que ela sempre nos acompanhe e dirija os nossos trabalhos.

Senhor, nosso Deus e Salvador!

3. Não permitais que neste dia sejamos motivo de tristeza para ninguém, mas causa de alegria para todos os que convivem conosco.

Senhor, nosso Deus e Salvador!

Sábado

Salmo 100 — Servi ao Senhor com alegria.

Leitura bíblica: Ef 5,8-14 — Levanta-te dentre os mortos e sobre ti Cristo resplandecerá.

Preces:

Cristo nos chama à mesa do seu Reino, por isso dizemos:

Cristo, pão do céu, dai-nos a vida eterna!

1. Cristo, maná descido do céu, que reunis num só corpo todos os que participam do mesmo pão, fazei que vivamos na amizade uns com os outros.

Cristo, pão do céu, dai-nos a vida eterna!

2. Cristo, Filho do Deus vivo, que nos mandastes celebrar a ceia eucarística em memória de vós, fazei que todas as crianças participem da mesa da Eucaristia.

Cristo, pão do céu, dai-nos a vida eterna!

3. Cristo, pela vossa Eucaristia, tornai-nos participantes da vossa ressurreição.

Cristo, pão do céu, dai-nos a vida eterna!

Domingo

Salmo 98 — Aclamai ao Senhor vitorioso!

Leitura bíblica: Mt 22,35-40 — Esse é o maior e o primeiro mandamento.

Preces:

Cristo nos convida a todos para a Ceia em que entrega seu corpo e sangue pela vida do mundo. Peçamos-lhe com amor e confiança:

Felizes os convidados para a ceia do Senhor!

1. Cristo, maná descido do céu, que alimentais a Igreja com o vosso corpo e o vosso sangue, fortificai-a na caminhada para o Pai.

Felizes os convidados para a ceia do Senhor!

2. Cristo, que estais à porta e bateis, entrai e vinde sentar à nossa mesa.

Felizes os convidados para a ceia do Senhor!

3. Cristo, que consagrastes o pão e o vinho como sinais da vossa oferenda ao Pai, associai a nossa vida à vossa entrega, como oferenda agradável a Deus Pai.

Felizes os convidados para a ceia do Senhor!

Durante o dia

Salmo 147,1-9.11

Louvai o Senhor, pois é bom cantar ao nosso Deus,
é suave dirigir-lhe o louvor.

O Senhor reconstrói Jerusalém, reúne os exilados de Israel.
Ele cura os corações atribulados e enfaixa suas feridas.
Conta o número das estrelas e chama cada uma pelo nome.
Nosso Senhor é grande, imenso é seu poder,
sua sabedoria não tem limites.
O Senhor ampara os humildes, mas rebaixa os ímpios até o chão.
Entoai a ação de graças ao Senhor,
cantai na cítara hinos ao nosso Deus.
Ele cobre o céu de nuvens, prepara a chuva para a terra,
Faz brotar sobre os montes a erva e plantas úteis ao homem;
Fornece alimento para o gado,
e para os filhotes do corvo que grasnam.
Agradam ao Senhor os que o temem,
os que esperam na sua bondade.

Antes da refeição

Abençoai, Senhor, todos os alimentos que estão sobre esta mesa e que recebemos de vossa bondade, da natureza e do trabalho de muita gente. Abençoai as pessoas que prepararam esta refeição. Concedei que em nossas casas e na mesa de todos os nossos irmãos e irmãs, especialmente dos mais pobres, nunca falte o alimento necessário para seu sustento. Assim seja!

Sempre que possível, procure rezar com a família ao redor da mesa para agradecer ao Pai pelos dons recebidos e pelo trabalho realizado. A oração e a reunião da família à mesa de nossa casa estão em continuidade com a oração e a reunião da comunidade realizada ao redor da mesa eucarística.

Depois da refeição

Muito obrigado, meu Deus, pela refeição que nos concedestes. Que ela seja para nós fonte de energia e entusiasmo para melhor vos servir em nossos semelhantes. Que eles também, bem alimentados, possam viver felizes como vossos filhos e filhas. Assim seja!

ORAÇÃO DA NOITE

Saudação a Maria

O anjo do Senhor anunciou a Maria.
E ela concebeu do Espírito Santo.

Eis aqui a serva do Senhor.
Faça-se em mim segundo a tua Palavra.

E o Verbo divino se fez homem
E habitou entre nós.

Ave, Maria...

Rogai por nós, Santa Mãe de Deus.
Para que sejamos dignos das promessas de Cristo.

Oremos:

Infundi, Senhor, em nossos corações a vossa graça, a fim de que, conhecendo pela anunciação do Anjo a encarnação de Jesus Cristo, vosso Filho, cheguemos pela sua paixão e morte à glória da ressurreição. Pelo mesmo Cristo nosso Senhor.

Amém.

Glória ao Pai...

Abertura

Vem, ó Deus da vida, vem nos ajudar!
Vem, não demores mais, vem nos libertar!

Glória ao Pai e ao Filho e ao Santo Espírito.
Glória à Trindade santa, glória ao Deus bendito!

Aleluia, irmãs, aleluia, irmãos!
Do povo que trabalha a Deus louvação!

Toda humanidade o Senhor chamou,
À festa do seu Reino ele convocou!

Glória ao Pai e ao Filho e ao Santo Espírito.
Glória à Trindade Santa, glória ao Deus bendito!

Recordação da vida

Recordar a vida é trazê-la de volta ao coração para agradecer a Deus ou pedir-lhe perdão. Partilhar experiências e preocupações é tornar a oração mais verdadeira.

Hino

1. Cai a tarde, o sol se esconde
Suba, ó Deus, nosso louvor,
Pelo dia que termina
Dom do teu imenso amor.

2. Bendizemos o teu nome
Pelos bens da criação.
Pelo Espírito que habita
Dentro em nosso coração.

3. Toda a luta deste dia
Te entregamos, ó Senhor,
Tudo seja em tuas mãos,
Oferenda de louvor.

4. Como incenso perfumado
Suba a ti nossa oração
Ó Deus trino, hoje e sempre,
Seja a nossa louvação!

Salmo 121

Levanto os olhos para os montes:
De onde me virá auxílio?
Meu auxílio vem do Senhor,
Que fez o céu e a terra.
Não deixará teu pé vacilar,
Aquele que te guarda não dorme.
Não dorme, nem cochila
O vigia de Israel.
O Senhor é o teu guarda,
O Senhor é como sombra que te cobre,
E está à tua direita.
De dia o sol não te fará mal
Nem a lua de noite.
O Senhor te preservará de todo o mal,
Preservará a tua vida.
O Senhor vai te proteger
Quando sais e quando entras,
Desde agora e para sempre.

Leitura bíblica

Fl 2,2-5

Completai a minha alegria, deixando-vos guiar pelos mesmos pro-
pósitos e pelo mesmo amor, em harmonia buscando a unidade. Nada
façais por ambição ou vanglória, mas, com humildade, cada um
considere os outros superiores a si e não cuide somente do que é
seu, mas também do que é dos outros. Haja entre vós o mesmo sentir
e pensar que no Cristo Jesus.

Meditação

Silêncio e partilha.

Cântico evangélico

Magnificat — Lc 1,46-55
A alegria da alma no Senhor

A minha alma engrandece o Senhor
e exulta meu espírito em Deus, meu Salvador;
Porque olhou para a humildade de sua serva,
Doravante as gerações hão de chamar-me de bendita.

O Poderoso fez em mim maravilhas e Santo é o seu nome!
Seu amor para sempre se estende sobre aqueles que o temem.

Manifesta o poder de seu braço, dispersa os soberbos;
Derruba os poderosos de seus tronos e eleva os humildes.

Sacia de bens os famintos, despede os ricos sem nada.
Acolhe Israel, seu servidor, fiel ao seu amor.

Como havia prometido a nossos pais,
Em favor de Abraão e de seus filhos para sempre.

Glória ao Pai e ao Filho e ao Espírito Santo,
Como era no princípio, agora e sempre. Amém.

Preces

Apresentemos nosso louvor e as necessidades de todo o povo ao
Senhor, Deus da aliança, dizendo:

Escuta-nos, Senhor!

1. Firma, ó Deus, os passos dos que trabalham pela paz, para que
alcancem frutos de justiça. Rezemos.

Escuta-nos, Senhor!

2. Renova as maravilhas da tua ação libertadora, para todos os que estão cativos e esmagados pela opressão de toda espécie. Rezemos.

Escuta-nos, Senhor!

3. Aumenta a comunhão e o diálogo nas famílias e nas comunidades do mundo inteiro. Rezemos.

Escuta-nos, Senhor!

Outras preces pessoais.

Pai-nosso, Ave-Maria e Glória-ao-Pai.

Oremos:

Ó Deus de bondade, Jesus deu a maior prova de amor, doando a sua vida por toda a humanidade. Concede-nos que, animados pelo mesmo Espírito de amor, continuemos na terra a sua missão. Por Cristo Jesus, nosso Senhor. Amém.

Bênção

A paz de Deus, que supera toda divisão e discórdia, nos abençoe e guarde nossos corações e nossos pensamentos no Cristo Jesus.

Amém!

Bendigamos ao Senhor!

Graças a Deus!

Variações para a semana

Terça-feira

Salmo 96 — Glória ao Criador!

Leitura bíblica: Mt 5,1-12 — Deles é o Reino dos céus.

Preces:

Louvemos o Senhor Jesus Cristo, que vive no meio de nós,
e supliquemos:

Ouvi, Senhor, a nossa oração!

1. Concedei aos jovens e às crianças a realização de suas necessidades, para que saibam responder ao vosso chamado com generosidade.

Ouvi, Senhor, a nossa oração!

2. Fazei que nós, seguindo vosso exemplo, cresçamos sempre em tamanho, sabedoria e graça.

Ouvi, Senhor, a nossa oração!

3. Acolhei os que morreram na glória do vosso Reino, especialmente N. (dizer os nomes dos falecidos).

Ouvi, Senhor, a nossa oração!

Quarta-feira

Salmo 104 — A criação te louva, Senhor!

Leitura bíblica: Mt 16,24-27 — Se alguém quiser vir atrás de mim, renuncie a si mesmo.

Preces:

Em tudo seja glorificado o nome do Senhor, que nos ama com infinito amor. Suba até ele a nossa oração:

Mostrai-nos, Senhor, o vosso amor!

1. Lembrai-vos, Senhor, da vossa Igreja, nossa comunidade; guardai-a de todo mal e fazei que ela cresça sempre no vosso amor.

Mostrai-nos, Senhor, o vosso amor!

2. Confortai os que vivem sobrecarregados no trabalho, e defendei a dignidade dos pobres e marginalizados.

Mostrai-nos, Senhor, o vosso amor!

3. Concedei todo o bem e prosperidade aos nossos parentes e amigos, dai-lhes a vossa bênção e a recompensa eterna.

Mostrai-nos, Senhor, o vosso amor!

Quinta-feira

Salmo 145 — O Senhor é bom para todos.

Leitura bíblica: Mt 25,14-30 — Em pouco te mostraste fiel; entra na alegria do teu Senhor.

Preces:

Bendigamos a Deus, que ouve com bondade os desejos dos humildes e sacia de bens os famintos, e peçamos com fé:

Mostrai-nos, Senhor, a vossa misericórdia!

1. Enviai operários à vossa messe, para que vosso nome seja glorificado entre todos os povos.

Mostrai-nos, Senhor, a vossa misericórdia!

2. Libertai os prisioneiros, dai a vista aos cegos e protegei o órfão e as viúvas.

Mostrai-nos, Senhor, a vossa misericórdia!

3. Dai aos vossos filhos e filhas a vossa força, para resistir às tentações da preguiça, da mentira e da maldade.

Mostrai-nos, Senhor, a vossa misericórdia!

Sexta-feira

Salmo 34 — Vede como é bom o Senhor.

Leitura bíblica: Jo 6,51-58 — Minha carne é verdadeira comida, e o meu sangue, verdadeira bebida.

Preces:

Demos graças a Deus que auxilia e protege o seu povo para que viva feliz. Aclamemos dizendo:

Senhor, nós confiamos em vós!

1. Deus de bondade, nós vos pedimos pelo nosso Papa N. e pelo nosso bispo N. (citar os nomes).

Senhor, nós confiamos em vós!

2. Confortai os doentes e tornai-os participantes da paixão de Cristo por seus sofrimentos, para que sintam continuamente a sua consolação.

Senhor, nós confiamos em vós!

3. Olhai com amor para os que não têm onde morar e fazei que encontrem uma digna habitação.

Senhor, nós confiamos em vós!

Sábado

Salmo 137 — Tu me conservas a vida.

Leitura bíblica: Jo 19,31-37 — Um soldado lhe abriu o lado com uma lança e logo saiu sangue e água.

Preces:

Elevemos o coração cheios de gratidão a nosso Senhor e Salvador, que abençoa o seu povo, e peçamos com fé:

Abençoai, Senhor, o vosso povo!

1. Alimentai o vosso povo com o maná, para que não passe fome, e dai-lhe a água viva para que nunca mais tenha sede.

Abençoai, Senhor, o vosso povo!

2. Protegei, Senhor, o nosso país, e afastai para longe dele todos os males.

Abençoai, Senhor, o vosso povo!

3. Que os nossos irmãos e irmãs falecidos, N.N. (citar os nomes), descansem na vossa eterna paz.

Abençoai, Senhor, o vosso povo!

Domingo

Salmo 40 — O Senhor cuida de mim.

Leitura bíblica: 1Rs 19,4-8 — Com a força desse alimento, andou até chegar ao monte de Deus.

Preces:

Invoquemos Jesus Cristo, alegria de todos os que nele esperam, e digamos:

Ouvi-nos, Senhor, e atendei-nos!

1. Aqueles que escolhestes como mensageiros do vosso Evangelho, tornai-os fiéis e zelosos no cumprimento de sua vocação sacerdotal ou religiosa.

Ouvi-nos, Senhor, e atendei-nos!

2. Socorrei os oprimidos, libertai os prisioneiros, consolai os aflitos, dai pão aos famintos, fortalecei os fracos, para que em todos eles se manifeste a vitória da cruz.

Ouvi-nos, Senhor, e atendei-nos!

3. Ouvi, Senhor, as nossas súplicas e perdoai os pecados dos que se reconhecem culpados perante vós, e, em vossa bondade, dai-nos o perdão e a paz.

Ouvi-nos, Senhor, e atendei-nos!

Sumário

Iniciação à vida cristã — Perseverança 7

Apresentação 9

Introdução 11

Unidade I — Grupo de discípulos 27

1º encontro – Formamos um grupo 29

2º encontro – Grupo de discípulos 34

3º encontro – Discípulos de Emaús 38

4º encontro – Musimensagem 43

Unidade II — Nova etapa de fé 47

5º encontro – Uma nova etapa de fé 49

6º encontro – Domingo, dia do Senhor! 54

7º encontro – Ser em desenvolvimento 59

8º encontro – Musimensagem 63

9º encontro – A proposta do Reino 66

10º encontro – Brotar e crescer 71

11º encontro – A Penitência 74

12º encontro – Celebração da Penitência 79

Unidade III — Ser de relação 83

13º encontro – Meu corpo 85

14º encontro – Sexualidade 90

15º encontro – Namoro 96

16º encontro – Viver em família 102

17º encontro – Novas formas familiares 107

18º encontro – Viver a fé em família............................112

19º encontro – Amizade não se compra 118

20º encontro – Geração digital......................................122

21º encontro – Amizade on-line....................................126

Unidade IV — Discípulo e testemunha............................129

22º encontro – O estudo..131

23º encontro – Fé e política 135

24º encontro – O primeiro anúncio 140

25º encontro – Musimensagem......................................145

26º encontro – Seguidores do Reino 149

27º encontro – Mãe e discípula.....................................153

28º encontro – Renovação das promessas batismais......158

Anexos..163

Rua Dona Inácia Uchoa, 62
04110-020 – São Paulo – SP (Brasil)
Tel.: (11) 2125-3500
paulinas.com.br – editora@paulinas.com.br
Telemarketing e SAC: 0800-7010081